Sobre educação, política
e sindicalismo

FUNDAÇÃO EDITORA DA UNESP

Presidente do Conselho Curador
José Carlos Souza Trindade

Diretor-Presidente
José Castilho Marques Neto

Editor Executivo
Jézio Hernani Bomfim Gutierre

Assessor Editorial
João Luís C. T. Ceccantini

Conselho Editorial Acadêmico
Alberto Ikeda
Alfredo Pereira Junior
Antonio Carlos Carrera de Souza
Elizabeth Berwerth Stucchi
Kester Carrara
Lourdes A. M. dos Santos Pinto
Maria Heloísa Martins Dias
Paulo José Brando Santilli
Ruben Aldrovandi
Tania Regina de Luca

Editora Assistente
Denise Katchuian Dognini

Maurício Tragtenberg

Sobre educação, política e sindicalismo

3ª edição revista

Coleção Maurício Tragtenberg
Direção de Evaldo A. Vieira

© 2004 Beatriz Romano Tragtenberg
Direitos de publicação reservados à:
Fundação Editora da UNESP (FEU)
Praça da Sé, 108
01001-900 – São Paulo – SP
Tel.: (0xx11) 3242-7171
Fax: (0xx11) 3242-7172
www.editoraunesp.com.br
feu@editora.unesp.br

1ª edição – 1982, Cortez Editora/Editora Autores Associados
2ª edição – 1990, Cortez Editora/Editora Autores Associados

CIP – Brasil. Catalogação na fonte
Sindicato Nacional dos Editores de Livros, RJ

T685s

Tragtenberg, Maurício, 1929-1998
   Sobre educação, política e sindicalismo / Maurício Tragtenberg. –
São Paulo: Editora UNESP, 2004. (Coleção Maurício Tragtenberg; v.1)

   Inclui bibliografia
   ISBN 85-7139-551-9

   1. Educação – Brasil. 2. Educação. I. Título. II. Série.

04-3156.   CDD 370.981
                                                  CDU 37(81)

Editora afiliada:

Asociación de Editoriales Universitarias
de América Latina y el Caribe

Associação Brasileira de
Editoras Universitárias

Sumário

Apresentação 7

Parte I
Artigos

1 A delinqüência acadêmica 11

2 O saber e o poder 21

3 A escola como organização complexa 45

4 Aplicação das teorias de Weber, Selznick
  e Lobrot à educação 71

5 Universidade e hegemonia 77

6 A democratização e a representação discente 83

7 Etapa crítica dos estudantes 87

8 Exorcismo aplicado no combate à UNE 91

9 Os caminhos da democratização da universidade 95

10 Mobral e CEBs 99

11 Pós-graduação e consciência social 103

12 Pós-graduação, bode expiatório 109

13 FMU: a escola do regime 115

14 Francisco Ferrer e a pedagogia libertária 121

Parte II
Debate

15 Quem está fora não entra, quem está
dentro não sai 163

Parte III
Depoimentos

16 A escola é elemento de domesticação
e não de libertação 193

17 O paraíso da burocracia 209

Apresentação

Os trabalhos de Maurício Tragtenberg se caracterizam pela erudição meditada, pela heterodoxia tolerante e pela autonomia intelectual. Estes são traços constantes numa obra sempre influente, dispersa em longo período de tempo e variada no assunto, mas que preserva sua agudeza e atualidade de maneira, por vezes, dramática. Justamente por isso, com o intuito de preservar e mais divulgar as contribuições deste autor, falecido em 1998, a Editora UNESP apresenta ao público a COLEÇÃO MAURÍCIO TRAGTENBERG, composta pela parcela mais representativa de tudo que produziu: seus livros; ensaios publicados em revistas, especializadas ou não; ensaios incluídos em trabalhos coletivos; prefácios e introduções. São também inseridos na Coleção os artigos saídos esparsamente na imprensa e os escritos destinados apenas à coluna jornalística "No Batente".

Esta reunião de obras impôs certos cuidados formais aos quais se voltaram tanto o coordenador da Coleção como a Editora

UNESP, a saber: restabelecimento de textos por meio de comparação com originais; eventuais notas; compilação de artigos; revisão e demais procedimentos necessários a uma edição sólida, que esteja à altura de seu conteúdo e respeite a visita do pesquisador/leitor a este marco da produção intelectual brasileira.

Editor UNESP e
Coordenador da coleção

Parte I
Artigos

1
A delinqüência acadêmica*

O tema é amplo: a relação entre a dominação e o saber, a relação entre o intelectual e a universidade como instituição dominante ligada à dominação, a universidade antipovo. A universidade está em crise. Isso ocorre porque a sociedade está em crise; através da crise da universidade é que os jovens

---

* Este texto foi apresentado no I Seminário de Educação Brasileira. Em 1967, a Pantheon Books (Nova York: Random House Inc.) publicou o livro *The Dissenting Academy*, organizado por Theodore Roszak, cuja edição em língua espanhola ocorreu em 1973 (Barcelona: Ediciones Península), com o título *La Constestación Universitaria*. Nesta obra organizada por Theodore Roszak, e de sua própria autoria, existe o ensaio "A propósito de delincuencia académica", que se aproxima do artigo "A delinqüência acadêmica", de Maurício Tragtenberg, tão-somente em parte do título, em alguns temas e fatos daquela ocasião, distanciando-se ambos completamente no conjunto da análise, no referencial teórico e de modo particular, na proposta de autogestão pedagógica, feita por Tragtenberg, a qual Roszak sequer chega a imaginar. Agradecimentos à Profa. Doris Accioly e Silva pela indicação do ensaio de Theodore Roszak (N.C.).

funcionam detectando as contradições profundas do social, refletidas na universidade. A universidade não é algo tão essencial como a linguagem; ela é simplesmente uma instituição dominante ligada à dominação. Não é uma instituição neutra; é uma instituição de classe, na qual as contradições de classe aparecem. Para obscurecer esses fatores, ela desenvolve uma ideologia do saber neutro, científico, a neutralidade cultural e o mito de um saber "objetivo", acima das contradições sociais.

No século XIX, período do capitalismo liberal, ela procurava formar um tipo de "homem" que se caracterizava por um comportamento autônomo, exigido por suas funções sociais: era a universidade liberal humanista e mandarinesca. Hoje, ela forma a mão-de-obra destinada a manter nas fábricas o despotismo do capital; nos institutos de pesquisa, cria aqueles que deformam dados econômicos em detrimento dos assalariados; nas suas escolas de direito, forma os aplicados de legislação de exceção; nas escolas de medicina, aqueles que irão convertê-la numa medicina do capital ou utilizá-la repressivamente contra os deserdados do sistema. Em suma, trata-se de "um complô de belas almas" recheadas de títulos acadêmicos, de doutorismo substituindo o bacharelismo, de uma nova pedantocracia, da produção de um saber a serviço do poder, seja ele de que espécie for.

Na instância das faculdades de educação, forma-se o planejador tecnocrata, a quem importa discutir os meios sem discutir os fins da educação, confeccionar reformas educacionais que na realidade são verdadeiras "restaurações". Forma-se o professor-policial, aquele que supervaloriza o sistema de exames, a avaliação rígida do aluno, o conformismo ante o saber professoral. A pretensa criação do conhecimento é substituída pelo *controle* sobre o parco conhecimento produzido pelas nossas universidades, o controle do meio transforma-se em fim, e o *campus* universitário cada vez mais parece um universo concentracionário que reúne aqueles que se originam das classes alta e média, enquanto professores, e os alunos da mesma extração social, como "herdeiros" potenciais do poder através de um saber minguado, atestado por um diploma.

A universidade classista se mantém por meio do poder exercido pela *seleção* dos estudantes e pelos mecanismos de *nomeação* de professores. Na universidade mandarinal do século passado, o professor cumpria a função de "cão de guarda" do sistema: produtor e reprodutor da ideologia dominante, chefe de disciplina do estudante. Cabia à sua função professoral, acima de tudo, inculcar as normas de passividade, subserviência e docilidade, através da repressão pedagógica, formando a mão-de-obra para um sistema fundado na desigualdade social, a qual acreditava legitimar-se através da desigualdade de rendimento escolar; enfim, a escola "escolhia" pedagogicamente os "escolhidos" socialmente.

A transformação do professor "cão de guarda" em "cão pastor" acompanha a passagem da universidade pretensamente humanística e mandarinesca à universidade tecnocrática, na qual os critérios lucrativos da empresa privada funcionarão para a formação das fornadas de "colarinhos brancos" rumo às usinas, aos escritórios e às dependências ministeriais. É o mito da assessoria, do posto público, que mobiliza o diplomado universitário.

A universidade dominante reproduz-se mesmo através dos chamados "cursos críticos", em que o juízo professoral aparece hegemônico ante os dominados: os estudantes. Isso se realiza mediante um processo que chamarei de "contaminação". O curso catedrático e dogmático transforma-se num curso magisterial e crítico; a crítica ideológica é feita nos chamados "cursos críticos", que desempenham a função de um tranqüilizante no meio universitário. Essa apropriação da crítica pelo mandarinato universitário, mantidos o sistema de exames, a conformidade ao programa e o controle da docilidade do estudante como alvos básicos, constitui-se numa farsa, numa fábrica de boa consciência e delinqüência acadêmica, daqueles que trocam o poder da razão pela razão do poder. Por isso é necessário realizar a crítica da crítica-crítica, destruir a apropriação da crítica pelo mandarinato acadêmico. Watson demonstrou como, nas ciências humanas, as pesquisas em química molecular estão impregnadas de ideologia. Não se trata de discutir a apropriação burguesa do saber ou não-burguesa do saber, mas sim a destruição do "saber institucionalizado", do "saber burocratizado" como o único "legítimo". A apropriação universitária (atual) do conhecimento é a concepção capitalista de saber, na qual ele se constitui em capital e toma a forma nos hábitos universitários.

A universidade reproduz o modo de produção capitalista dominante não apenas pela ideologia que transmite, mas também *pelos servos que ela forma.* Esse modo de produção determina o tipo de formação por meio das transformações introduzidas na escola, que coloca em relação mestres e estudantes. O mestre possui um saber inacabado e o aluno uma ignorância transitória, não há saber absoluto nem ignorância absoluta. A relação de saber não institui a diferença entre aluno e professor, a separação entre aluno e professor opera-se através de uma relação de poder simbolizada pelo sistema de exames – "esse batismo burocrático do saber". O exame é a parte *visível* da seleção; a invisível é a entrevista, que cumpre as mesmas funções de "exclusão" que possui a empresa em relação ao futuro empregado. Informalmente, docilmente, ela "exclui" o candidato. Para o professor, há o currículo *visível,* publicações, conferências, traduções e atividade didática, e há o currículo *invisível* – esse de posse da chamada "informação" que possui espaço na universidade, onde o destino está em aberto e tudo é possível acontecer. É através da nomeação, da cooptação dos mais conformistas (nem sempre os mais produtivos) que a burocracia universitária reproduz o canil de professores. Os valores de submissão e conformismo, a cada instante exibidos pelos comportamentos dos professores, já constituem um sistema ideológico. Mas em que consiste a delinqüência acadêmica?

A "delinqüência acadêmica" aparece em nossa época longe de seguir os ditames de Kant: "Ouse conhecer". Se os estudantes procuram conhecer os espíritos audazes de nossa época, é fora da universidade que irão encontrá-los. A bem da verdade, raramente a audácia caracterizou a profissão acadêmica. É a razão pela qual os filósofos da Revolução Francesa se autodenominavam de "intelectuais" e não de "acadêmicos". Isso ocorria porque a universidade mostrara-se hostil ao pensamento crítico avançado.

Pela mesma razão, o projeto de Jefferson para a Universidade de Virgínia, concebida para a produção de um pensamento independente da Igreja e do Estado (de caráter crítico), fora substituído por uma "universidade que mascarava a usurpação e monopólio da riqueza, do poder". Isso levou os estudantes da época a realizarem programas extracurriculares, nos quais Emerson fazia-se ouvir, já que o obscurantismo da época impedia sua entrada nos prédios universitários, pois contrariavam a Igreja, o Estado e as grandes "corporações", a que alguns intelectuais cooptados pretendem que tenham uma "alma".[1]

Em nome do "atendimento à comunidade", "serviço público", a universidade tende cada vez mais à adaptação indiscriminada a quaisquer pesquisas a serviço dos interesses econômicos hegemônicos; nesse andar, a universidade brasileira oferecerá disciplinas como as existentes na metrópole (EUA): cursos de escotismo, defesa contra incêndios, economia doméstica e datilografia em nível de secretariado, pois já existe isso em Cornell, Wisconsin e outros estabelecimentos legitimados. O conflito entre o técnico e o humanismo acaba em compromisso, a universidade brasileira prepara-se para ser uma "multiversidade", isto é, ensina tudo aquilo que o aluno possa pagar. A universidade, vista como prestadora de serviços, corre o risco de enquadrar-se numa "agência do poder", especialmente após 68, com a Operação Rondon e sua aparente democratização, só nas vagas; funciona como tranqüilidade social. O assistencialismo universitário

---

1 Kaysen pretende atribuir uma "alma" à corporação multinacional; esta parece não se preocupar com tal esforço construtivo do intelectual.

não resolve o problema da maioria da população brasileira: o problema da terra.

A universidade brasileira, nos últimos quinze anos, preparou técnicos que funcionaram como juízes e promotores, aplicando a Lei de Segurança Nacional, médicos que assinavam atestados de óbito mentirosos, zelosos professores de Educação Moral e Cívica garantindo a hegemonia da ideologia da "segurança nacional" codificada no Pentágono.

O problema significativo a ser colocado é o nível de responsabilidade social dos professores e pesquisadores universitários. A não-preocupação com as finalidades sociais do conhecimento produzido se constitui em fator de "delinqüência acadêmica" ou de "traição do intelectual". Em nome do "serviço à comunidade", a intelectualidade universitária se tornou cúmplice de genocídio, espionagem, engano e todo tipo de corrupção dominante, quando domina a "razão de Estado" em detrimento do povo. Isso vale para aqueles que aperfeiçoam secretamente armas nucleares (MIT), armas químico-biológicas (Universidade da Califórnia, Berkeley), pensadores inseridos na Rand Corporation, como aqueles que, na qualidade de intelectuais com diploma acreditativo, funcionam na censura, na aplicação da computação com fins repressivos em nosso país. Uma universidade que produz pesquisas ou cursos a quem é apto a pagá-los perde o senso da discriminação ética e da finalidade social de sua produção – é uma multiversidade que se vende no mercado ao primeiro comprador, sem averiguar o fim da encomenda, isso coberto pela ideologia da neutralidade do conhecimento e seu produto.

Já na década de 1930, Frederic Lilge (1948) acusava a tradição universitária alemã da neutralidade acadêmica de permitir aos universitários alemães a felicidade de um emprego permanente, escondendo a si próprios a futilidade de suas vidas e seu trabalho. Em nome da "segurança nacional", o intelectual acadêmico despe-se de qualquer responsabilidade social quanto ao seu papel profissional, a política das "panelas" acadêmicas de corredor universitário e a publicação a qualquer preço de um texto qualquer se constituem no metro para medir o sucesso universitário. Nesse universo não cabe uma simples pergunta: o conhecimento a quem e para que serve? Enquanto esse encontro entre educadores, sob o signo de Paulo Freire, enfatiza a responsabilidade social do educador, da educação não confundida com inculcação, a maioria dos congressos acadêmicos universitários serve de "mercado humano", onde entram em contato pessoas e cargos acadêmicos a serem preenchidos, parecidos aos encontros entre gerentes de hotel, em que se trocam informações sobre inovações técnicas, revêem-se velhos amigos e se estabelecem contatos comerciais.

Estritamente, o mundo da realidade concreta é sempre muito generoso com o acadêmico, pois o título acadêmico torna-se o passaporte que permite o ingresso nos escalões superiores da sociedade: a grande empresa, o grupo militar e a burocracia estatal. O problema da responsabilidade social é escamoteado, a ideologia do acadêmico é não ter nenhuma ideologia, faz fé de apolítico, isto é, serve à política do poder.

Diferentemente, constitui, como um legado da filosofia racionalista do século XVIII, uma característica do "verdadeiro" conhecimento o exercício da cidadania do soberano direito de crítica questionando a autoridade, os privilégios e a tradição. O "serviço público" prestado por esses filósofos não consistia na aceitação indiscriminada de qualquer projeto, fosse destinado à melhora de colheitas, ao aperfeiçoamento do genocídio de grupos indígenas a pretexto de "emancipação" ou políticas de arrocho salarial que converteram o Brasil no detentor do triste *record* de primeiro país no mundo em acidentes de trabalho. Eis que a propaganda pela segurança no trabalho emitida pelas agências oficiais não substitui o aumento salarial.

O pensamento está fundamentalmente ligado à ação. Bergson sublinhava no início do século a necessidade de o homem agir como homem de pensamento e pensar como homem de ação. A separação entre "fazer" e "pensar" se constitui numa das doenças que caracterizam a delinqüência acadêmica – a análise e a discussão dos problemas relevantes do país constituem um ato político, constituem uma forma de ação, inerente à responsabilidade social do intelectual. A valorização do que seja um homem culto está estritamente vinculada ao seu valor na defesa de valores essenciais de cidadania, ao seu exemplo revelado não pelo seu discurso, mas por sua existência, por sua ação.

Ao analisar a "crise de consciência" dos intelectuais norte-americanos que deram o aval à "escalada" no Vietnã, Horowitz notara que a disposição que eles revelaram no planejamento do genocídio estava vinculada à sua formação, à sua capacidade de discutir *meios* sem nunca questionar os *fins*, a transformar os problemas *políticos* em problemas técnicos, a desprezar a consulta *pública*, preferindo as soluções de gabinete, consumando o que definiríamos como a traição dos intelectuais. É aqui que a *indignidade* do intelectual substitui a dignidade da *inteligência*.

Nenhum preceito ético pode substituir a prática social, a prática pedagógica.

A delinqüência acadêmica caracteriza-se pela existência de estruturas de ensino em que os meios (técnicas) se tornam fins, os *fins* formativos são esquecidos; a criação do conhecimento e sua reprodução cedem lugar ao *controle* burocrático de sua produção como suprema virtude, em que "administrar" aparece como sinônimo de vigiar e punir – o professor é controlado mediante os critérios visíveis e invisíveis de nomeação; o aluno, mediante os critérios visíveis e invisíveis de exame. Isso resulta em escolas que se constituem em depósitos de alunos, como diria Lima Barreto em *Cemitério de vivos*.

A alternativa é a criação de canais de participação *real* de professores, estudantes e funcionários no meio universitário, que se oponham à esclerose burocrática da instituição.

A autogestão pedagógica teria o mérito de devolver à universidade um *sentido* de existência, qual seja: a definição de um aprendizado fundado numa *motivação* participativa e não no decorar determinados "clichês", repetidos semestralmente nas provas que nada provam, nos exames que nada examinam, mesmo porque o aluno sai da universidade com a sensação de estar mais velho, com um dado a mais: o diploma acreditativo que em si perde valor à medida que perde sua raridade.

A participação discente não se constitui num remédio mágico aos males acima apontados, porém a experiência demonstrou que a simples presença discente em colegiados é fator de sua moralização.

Referência bibliográfica

LILGE, F. *The Abuse of Learning*: The Failure of German University. New York: Macmillan, 1948.

2
O saber e o poder*

O que nos interessa é saber em que condições o poder produz um tipo de saber necessário à dominação, e em que medida esse saber aplicado reproduz o poder.

O "sei que nada sei" só é aplicável em formações pré-capitalistas, pois não conduz a um domínio do homem sobre a natureza ou o ambiente social mais amplo. É com o capitalismo que o saber instrumental adquire características dominantes, é com o filósofo da manufatura Bacon que "saber é poder" implica domínio sobre o ambiente. De Bacon ao positivismo e neopositivismo definiu-se uma linha de saber instrumental, uma validade que depende de comprovação empírica. O saber tem *status* na medida em que se constitui em saber "aplicado". A instrumentalização do saber é uma das características dominantes na cultura do capitalismo moderno, e é produzida por alguns "apare-

---

* Texto publicado em *Construção social da enfermidade*. Cortez & Moraes, 1978.

lhos ideológicos", como, por exemplo, a American Sociological Association (ASA), a American Political Science Association (Apsa) e a American Historical Association: "elas forneceram especialistas para os setores empresariais e governamentais norte-americanos nos últimos 25 anos" (Nacla, 1971, p.54).[1]

Qual a finalidade da produção do conhecimento socioeconômico, modelos econométricos, banco de dados, teoria dos modelos? – ele "será utilizado para fortalecer nossa posição militar" (Betts, 1970, p.10).[2]

Assim, a American Sociological Association tem múltiplos acessos a fontes para financiamento de pesquisa, o que lhe possibilita controlar firmemente a orientação ideológica e científica que deve prevalecer na área. A ASA defende teses parsonianas. Esse monolitismo intelectual caminha a par do "apoliticismo" (conservador em política), o que define uma atitude de solidariedade com a ordem estabelecida. Em nome da tradição liberal e da liberdade de consciência individual, os problemas *cruciais* são escamoteados, tudo é visto pela ótica do aparelho de Estado e dos órgãos governamentais. Os intelectuais fazem parte integrante do complexo militar-industrial-acadêmico. Os "especialistas de renome" possuem altos cargos na universidade, constituem a imagem da marca da área do conhecimento específico ante o grande público, como Parsons em sociologia, Milton

---

1 Nessa mesma linha, o Instituto de Estudos Latino-americanos da Universidade de Colúmbia, por meio de Henry de Vries, estuda os sistemas legais da América Latina em benefício das multinacionais, dedicando-se a dois projetos: um, a respeito da expropriação da propriedade privada, e outro, a respeito da formação de capitais na América Latina (Nacla, 1971, p.103).

2 Há uma utilização das ciências sociais pela Segurança Nacional para elaboração de complexo sistema de armamentos leves para facilitar a simulação cibernética de modelos econômicos e políticos de caráter estratégico, tão eficazes para o expansionismo como o são os foguetes intercontinentais. Isso sepulta a separação entre ciência pura e aplicada e a distinção entre o Estado de Guerra e o Estado do Bem-Estar Social no Ocidente.

Fridmann ou Galbraith em economia, os consultores das grandes fundações.

Essas associações gozam de isenção de impostos graças ao servilismo ante o Estado e aos organismos denominados "contra insurreição". Coberta pelo ideal de "neutralidade ante valores", a maioria dos acadêmicos universitários vegeta no conforto intelectual agasalhado pelas sinecuras burocráticas e legitimadas ideologicamente pelo apoliticismo: a ideologia dos que não têm ideologia. Na realidade, esse apoliticismo converte-se na ideologia da *cumplicidade* trustificada. Sem dúvida que o cultivo de ideologia livre de valores é paralelo à despreocupação sobre as implicações éticas e políticas do conhecimento.

Daí a perplexidade de Horowitz:

> olhando retrospectivamente, vi que pessoas tidas como intelectuais podiam estar despidas de espírito crítico a respeito do trabalho que realizavam. Não temos perspectiva. Nosso treinamento na ciência social nos condicionou a *não* fazer perguntas normativas, não temos possibilidades nem meios para duvidar de nossa política externa, para criticá-la. Temos somente especialistas e técnicos para servirem a essa política. É essa a tragédia dos professores da Universidade de Michigan. (Horowitz, 1966, p.28)[3]

Há um processo de militarização das ciências sociais paralelo ao desenvolvimento da superespecialização e ao intelectualismo. Sinólogos norte-americanos vinculam-se ao Estado para combater a China, utilizam-se os conhecimentos antropológicos – de que trataremos pormenorizadamente mais adiante –

---

3 Nesse mesmo espírito, segundo o decano das Escolas de Estudos Internacionais Avançados (EEIA), Johns Hopkins, "continuamos sendo úteis ao governo dos EUA de muitas maneiras. A maior parte dos membros de nosso corpo de professores são assessores do Departamento de Estado, Departamento de Defesa, CIA, AID; muitos lecionam na Escola Nacional de Guerra ou no Instituto de Serviço Exterior" (Nacla, 1971, p.110).

para combater guerrilhas na Ásia, o Projeto Agile mobilizou 157 antropólogos para estudo de antiguerrilha no Sião, e o Projeto Camelot dispunha de 4 a 6 milhões de dólares destinados às ciências sociais em países da Ásia e da África. Sua finalidade era estudar as causas das mudanças sociais e prevenir sua ocorrência.

Por outro lado, há pesquisas de inegável interesse social que essas instituições financiadoras deixam dormitar nas revistas especializadas, nas bibliotecas universitárias ou nas gavetas burocráticas. Temas como as migrações urbanas poderiam ser discutidos com os diretamente interessados nelas, os que sofrem suas conseqüências imediatas: o povo, sindicatos ou associações populares. Do mesmo modo, a participação de organizações operárias ou camponesas chamadas a discutir seus problemas poderia constituir pontos de orientação rumo a soluções possíveis. O que ficou do conceito inventado pelos ricos e transposto à antropologia funcionalista de "cultura da pobreza", se os diretamente interessados, os pobres, não foram ouvidos?

O saber sociológico atualmente não é simplesmente um aspecto da cultura universitária; tornou-se elemento de poder, daí a proliferação de centros de documentação, bancos de dados, institutos de planejamento: a escolha das pesquisas depende dos financiamentos possíveis; por outro lado, a "moda" acadêmica impõe sua tirania. Uma pesquisa é determinada não porque se é obrigado a ter esta ou aquela orientação teórica para receber financiamento, mas *recebe financiamento por ter esta ou aquela orientação teórica*; trata-se de uma determinação que opera com alto nível de sutileza.

O sociólogo acadêmico produz como um operário de linha de produção; não discute os fins, o resultado é a alienação. Por outro lado, utiliza nos seus estudos os fundamentos que garantem a estabilidade dos sistemas, como o são todos os estudos sobre aculturação, mobilidade social, modernização e monografias sobre comunidades influenciadas por modelos funcionalistas.

A era da sociologia "inocente" terminou, surge a era da sociologia militante a serviço dos profetas armados. O sociólogo que participa dos programas de contra-revolução na Ásia ou na América Latina é o complemento ideal do médico nazista que experimentava sobre cobaias humanas. De igual forma agem os sociólogos da indústria que aceitam a ideologia do "gerencialismo", uma ideologia patronal para manipular os dominados.

Essa instrumentalização da sociologia a serviço da estabilidade dos sistemas é complementada pelos EUA com programas de ajuda externa anódinos. Assim, a assistência técnica internacional multilateral da FAO destina-se à formação de novos *kulaks* (pequenos proprietários de terra); os bancos internacionais de desenvolvimento, por sua vez, consideram-se como complemento das multinacionais.

A utilização das ciências sociais, da sociologia, da psicologia, da história, da cibernética tem como finalidade caracterizar a sintomatologia para a eclosão da contra-revolução preventiva – ela tem como finalidade

> criar uma estrutura de informação que permita detectar focos de conflitos que possam afetar a "segurança nacional" dos EUA. Os recursos para tais tarefas são captados por intermédio de fundações, instituições, agências, universidades, multinacionais que por suas subsidiárias canalizam a "fertilização", os dólares necessários à desestabilização de determinados governos. Pratica-se em grande escala o levantamento de dados para os bancos de dados nacionais, tendo em vista a elaboração de modelos cibernéticos sobre desenvolvimento econômico, político e social. (Saxe Fernandez, 1964)

Assim como o Pentágono encarregava o Massachusetts Institute of Technology (MIT) da produção de bombas e armas bacteriológicas, ocorre a mediação por firmas ou fundações. A automatização dos campos de batalha futuros é elaborada no câmpus; nesse esquema, a Universidade da Califórnia se encarrega de atualizar o esboço de sistemas de radar e armas nucleares, a Universidade de Chicago fornece a Pinochet Milton Fridmann e sociólogos, a Universidade de Berkeley fornece aos indonésios economistas como assessores, a Universidade da cidade de Nova York aceitou financiamento do Irã para um programa "cultural e acadêmico" com a finalidade de espionar as atividades de estudantes iranianos nos EUA.

Tudo isso é devido também à centralização econômica e burocrática que reforça a dependência da universidade em relação ao Estado, além de a tendência utilitarista do ensino superior norte-americano predispô-lo a servir às empresas e ao Estado. A tradição pragmatista norte-americana leva os universitários a valorizarem mais a aparência que a essência das coisas. Na Primeira Guerra, os professores norte-americanos inventaram as "relações públicas" e a publicidade. Com o desenvolvimento da comunicação de massa, o problema era servir aos interesses dos grandes grupos, mudar a "imagem da marca" de um Rockefeller por exemplo, conferindo-lhe títulos de respeitosa honorabilidade; isso levou Bernays a inventar a "engenharia do consenso".

Uma análise das causas sociais da pesquisa colocaria claramente a relação entre premissas teóricas, objetivos de pesquisa e os compromissos de *engenharia social* refletindo um quadro institucional e estratégico tático.

O conhecimento proporcionado pelas ciências sociais como contribuição à segurança nacional, para simulação cibernética de modelos econômicos político-estratégicos, é considerado tão importante como os supersônicos, foguetes balísticos intercontinentais, no intuito de ampliar a Pax Americana.

Nesse contexto, a separação entre ciência pura e aplicada evapora-se: na medida em que a ação humana possui alto nível de finalismo, ela constitui parte da ordem vital que o sociólogo ana-

Sobre educação, política e sindicalismo

lisa. Heisenberg comprovou na experiência microfísica que, como os dados empíricos são influenciados pelo instrumental metodológico, o contexto social obviamente afeta as teorias e metodologias. Nesse sentido são os projetos Camelot, Thes e Agile que dominam, que deram forma à sociologia acadêmica ocidental.

O problema dos fins do conhecimento e da responsabilidade social do cientista coloca-se agudamente para uma época histórica que conheceu o nazismo, a guerra do Vietnã, o terror policial na América Latina legitimado pela doutrina da "infiltração", a utilização das universidades e conhecimento das ciências sociais para o genocídio: tudo o que situou a instituição científica como um dos instrumentos dos grupos repressivos hegemônicos. Há um discurso "tecnicista" que separa teoria e prática, meios e fins, a esfera política da científica – a ideologia tecnocrática que permite a universitários norte-americanos participarem do genocídio.

A guerra nuclear sublimitada ou limitada é que condicionou o desenvolvimento de banco de dados. Sua simulação com a simulação cibernética de sistemas sociais econômicos e políticos a níveis de previsão sobre guerras em áreas subdesenvolvidas criou a multidisciplinaridade entre ciência social, pesquisa operacional e análise sistêmica.

A ciência social vê-se reduzida a simples fornecedora de elementos aos que detêm o poder nos EUA, para permitir a sua intervenção nos aspectos econômicos ou sociais do real, porém o maior problema é prevenir o conflito no local, do que vencê-lo. A cibernética serve à planificação automatizada da contra-revolução. A função principal é a advertência preventiva. Assim o estudo de campo, a análise da dinâmica interna de grupos antagônicos (operários, camponeses, estudantes). Ao poder é vital a ação repressiva burocrática. Na medida em que os cientistas propõem terapia de controle sobre os que estão *abaixo*, eles servem aos que estão *acima*.

O uso conservador da ciência social mostrou claramente que o conhecimento científico não é autônomo, cumulativo, autocorretivo.

Assim, a Rand Corporation, criada em 1946 pela Aeronáutica para continuar a colaboração entre cientistas e militares que se dera na Segunda Guerra, funciona como uma universidade. Ela desenvolve as primeiras análises sistêmicas com os trabalhos de Forester e o informe do MIT sobre a poluição. Foi a primeira a introduzir critérios econômicos em questões militares, critérios de custo e eficiência, com os bombardeios sendo vistos do ângulo da gerência de estoques.

Como a informática desenvolvera o *hardware* (sistemas materiais) para chegar às linguagens formais, permitindo dominar os sistemas materiais, o Exército, com auxílio decisivo da informática, desenvolveu um *software* que permite apreender as operações militares como operações lógicas que se integram num esquema racional.

Essa apreensão dos fatos sociais como integrados numa lógica e estudados do ponto de vista exterior, sem definir a razão desse estudo, é o apoio logístico que reclamam os militares dos intelectuais acadêmicos.

Nesse contexto, a Lockheed organizou o primeiro programa industrial com métodos gerenciais antecipando a Nasa. Os monopólios organizam-se seguindo esquemas militares, os esquemas organizacionais simulam modelos militares, o princípio de *staff* e linha na administração, no Exército, diferenciam o operacional e o estratégico.

Há um processo concomitante: militarização da máquina econômica e cientifização da máquina militar. O termo "estratégia" empregado na economia é de origem militar. A instituição científica garante o elo entre indústria e exército, como os dois ela é hierarquizada, funda-se na "meritocracia" e funde-se com a hierarquia universitária.

A estrutura de dominação leva a confundir civis e militares; há identidade entre controle e repressão, pois são os mesmos mecanismos que governam os meios de dominação e os meios de comunicação (rádio, TV, informática).

Os fins do Exército realizam-se no domínio, na conquista da ordem: é após a Segunda Guerra que a racionalidade militar penetra na sociedade civil; daí a utilização dos institutos de pesquisa e da universidade para organizar a Defesa e fornecer os quadros de que o aparelho de Estado necessita.[4]

O Departamento de Estado gasta 700.000 dólares para analisar a dinâmica revolucionária no Vietnã, estruturam-se modelos econômicos para fins de controle da economia,[5] o que assegura a articulação entre CIA, FBI, Departamento de Defesa, Agência Nacional de Defesa, Conselho de Segurança Nacional, Departamento de Estado e Agência para o Desenvolvimento Internacional (AID).

A manipulação operada pelo saber universitário é antiga; as universidades que, sob o *New Deal* de Roosevelt, manipulavam os pobres para a ocasião da Segunda Guerra contribuíram entusiasticamente para o Projeto Manhattan, que originou a bomba atômica. Um acadêmico como Schlesinger, sob Kennedy e Johnson, por memorandos sugeria a melhor maneira de a Presidência descartar-se de sua responsabilidade no fiasco que fora a tentativa de invasão de Cuba pela Baía dos Porcos. Do mesmo

---

4 É significativo o fato de 80% do orçamento do MIT provir do Estado. J. Deichnan, assistente especial para Contra-Revolução do Escritório de Pesquisa do Departamento de Defesa, assinalou que "o Departamento de Defesa chamou vários especialistas no estudo do comportamento para que oferecessem contribuições nessa área que abrange a antropologia, a psicologia, a sociologia, a economia e a ciência política". In: *Behavioral Science and the National Security*, p.48, 52, 72. Ver também Saxe Fernandez (1964).

5 Preocupa-se com a formação de modelos econômicos, tendo em vista o controle do processo econômico mexicano e seus rumos previsíveis. Cf. Del Rio (1970, p.553). Também Nacla (1971), Saxe Fernandez (1964).

modo, outros *scholars* como Rostow, McBundy e Samuel Huntington, os "fabricantes de imagens" de MIT, Colúmbia e Harvard, foram os que desencadearam a "escalada" no Vietnã. O real é que, num país de imigrantes como os EUA, a melhor maneira de ascensão social é o conformismo total com a ideologia dominante; esses universitários que "serviram o país" foram ouvidos, generosamente remunerados, habituaram-se a transitar entre suas universidades e os escritórios da CIA, do Pentágono e do Departamento de Estado.

O grave problema da universidade norte-americana atual é a *síndrome de conformismo*, que permite a utilização do saber para o genocídio,[6] prevenir conflitos futuros, tornando o sociólogo um burocrata auxiliar e triste do Departamento de Defesa.

Os professores servem para reproduzir o poder na medida em que determinam as questões que devam estudar e essa reprodução não se dá pelo pagamento imediato ao mestre para planejar isso ou aquilo, ministrar esse ou aquele curso, mas ele recebe subsídios porque sua linha de orientação é essa ou aquela. A neutralidade do saber e o velho consenso em torno da ciência são colocados em xeque quando o *saber* universitário vincula-se ao *poder* do Pentágono. Muitas fundações norte-americanas na realidade são instrumentos de repasse de recursos providos da CIA.

Edwin Lieuwen e John Johnson assessoram o Departamento de Estado na área de assuntos latino-americanos (Nacla, 1971, p.69). Alex Inkeles, autor de um célebre manual de sociologia, *Que é a sociologia?*, orientou uma pesquisa sobre a medição da mudança social em áreas subdesenvolvidas com financiamento da

---

6 Isso ficou muito claro com a utilização da antropologia. Informações antropológicas foram obtidas para silenciar, por via aérea, aldeias asiáticas.
A utilização de dados antropológicos para assassinar lideranças comunitárias na Ásia levou os antropólogos a publicarem suas pesquisas, decorridos cinco anos do levantamento de campo, mudando nomes pessoais e dos locais pesquisados.

Força Aérea (ibidem, p.69). Max Milikan, especialista em relações internacionais, diretor do Centro de Estudos Internacionais do MIT, trabalhou para a CIA antes de chegar ao MIT (ibidem, p.111). Seymour Lipset, sociólogo e politicólogo funcionalista com contrato com a Força Aérea orçado em 75 mil dólares, dedicou-se a pesquisar o planejamento militar e as implicações do desenvolvimento nacional. Huntington, da Universidade de Harvard, atual assessor de Carter, fora o ideólogo no Vietnã da "erradicação da base inimiga no campesinato por aplicação direta do poder mecânico (leiam-se bombardeios de saturação) e convencional em tal quantidade que provoque uma migração em massa para a cidade" (*Foreign Affairs*, 1968). Huntington teve como companheiro Sell Mann, membro do President's Science Advisory Committee, que recomendava o emprego de bombas automáticas no Vietnã e colaborou na preparação de uma contra-revolução na Tailândia.

O Departamento de Estado em 1969 empregava inúmeros assessores recrutados entre os "americanistas", que por sua vez estavam ligados a várias instituições de pesquisa e estudo, como o Centro de Assuntos Educacionais e Culturais, Centro de Assuntos das Repúblicas Americanas, Grupo Interamericano, Centro de Organizações Internacionais e Centro de Inteligência e Pesquisa, onde sobressaem nomes como Niles Bond, John W. F. Dulles, Lincoln Gordon, John Johnson, Edwin Lieuwen, Seymour Lipset, Rollie Poppino, Roy Rubottom Jr., Alfred Stephan (Quadro 1). Eram o fruto da velha elite intelectual acadêmica que, por ocasião da Segunda Guerra Mundial, com fundos da Ford, Rockefeller e Social Research Council, deu origem à Comissão Conjunta de Estudos Latino-Americanos do American Council of Learned Societies e o Social Research Council, sob inspiração de Kalman Silvert e do estudioso de comunidade na Amazônia Charles Wagley (Nacla, 1971, p.16).

Quadro 1 – Assessores americanistas do Departamento de Estado em 31.12.1969

Nome	Instituição	Data de Nomeação	Área do Depto. de Estado	Responsabilidade
Anderson, Charles W.	Univ. Wisconsin	6.5.1963	OII	Polít. Des. Ec. da AL
Anderson, Robert B.	One Rockefeller Ph.	28.4.1964	ARA	Negociações no Panamá
Augelli, John P.	Univ. Kansas	28.11.1967	AEC	Membro da Junta de Bolsas para o Exterior
Barnes, W. Sprague	Escola Fletcher	26.7.1967	OI	Representante dos EUA ante a OEA
Bond, Niles	Washington D. C.	27.1.1969	ARA	Assuntos Brasileiros
Burks, David D.	Univ. de Indiana	1.6.1969	ARA	Assuntos Brasileiros e Assessor da Equipe G-I
Cale, Edward G.	Virgínia	1.1.1966	OII	Des. Ec. Latino-Americano
Dinerstein, Herbert S.	Univ. Johns Hopkins	26.9.1969	OII	A. Lat. e Comunismo Internacional
Dulles, John W. F.	Univ. Texas	19.7.1968	OII	Mist. e Polít. da A. Latina
Gilmore, Robert L.	Univ. de Ohio	1.3.1966	OII	Hist. e Polít. da A. Latina
Gordon, Lincoln	Univ. Johns Hopkins	22.1.1968	ARA	Política da A. Latina
Heare, Gertrude	Washington D. C.	7.9.1967	OII	Economia do Brasil
Irwin, John N. II	One Wall Street	6.3.1969	ARA	Política da A. Latina
Jamison, Edward	Eau Claire Wisconsin	1.12.1969	ARA	Política da A. Latina
Johnson, John J.	Univ. Stanford	1.6.1969	ARA	Assessor da Equipe G-I
Lieuwen, Edwin	Univ. Novo México	8.11.1965	OII	Militares da A. Latina
Lipset, Seymour M.	Univ. de Harvard	28.11.1967	AEC	Membro da Junta de Bolsas para o Exterior
Poppino, Rollie E.	Univ. Califórnia	11.1.1962	OII	Comunismo na A. Latina
Rubottom Jr., R. R.	Univ. Dallas, Texas	29.5.1969	ARA	Política da A. Latina

Sobre educação, política e sindicalismo

continuação

Nome	Instituição	Data de Nomeação	Área do Depto. de Estado	Responsabilidade
Schmitt, Karl M.	Univ. Texas	2.2.1967	OII	Militares da A. Latina
Stephan, Alfred C.	Univ. Los Angeles Califórnia	1.10.1969	OII	A. Latina

AEC – Centro de Assuntos Educacionais e Culturais
ARA – Centro de Assuntos das Repúblicas Americanas
GI – Grupo Interamericano
OI – Centro de Organizações Internacionais
OII – Centro de Inteligência e Pesquisa
Fonte: Nacla, 1971.

Em nível latino-americano, podemos dizer que o interesse dos EUA através da formação de pessoal especializado deu-se após a desastrosa viagem de Nixon à América Latina em 1958 e a eclosão da revolução cubana. Os programas de estudos sobre a América Latina, que em 1958 chegavam a sessenta, em 1965 atingem 310.

Agricultura, planejamento familiar constituem áreas de interesse vital para as classes dominantes dos EUA, junto com o aperfeiçoamento no tocante à modernização da máquina administrativa, da instrução pública (Nacla, 1971, p.20). Esses programas criam maior intercâmbio universitário, do qual emerge número significativo de latino-americanos "americanizados" que voltam aos países de origem ocupando lugares estratégicos. A influência também se dá através de livros-texto, na área da física: o Physical Science Study Committee (PSSC) é constituído por pesquisadores em física nuclear vinculados ao MIT que escrevem textos com trabalhos e exercícios práticos; tal atividade estendeu-se à área da biologia. São trabalhos *cuja tônica é a modernização do ensino imposta a intimidados professores secundários.*

Na realidade, o que os subdesenvolvidos aprendem a respeitar na idéia de ciência são os conceitos abstratos, as realizações experimentais que não podem ser reproduzidas por eles e que não têm relação com sua cultura. Ficam em estado de impotência intelectual em relação à Metrópole, que capta os melhores estudantes para o doutorado, na sua maioria oriundos da América

Latina. Nesse sentido, assinou-se convênio com a Universidade do Chile por dez anos, com verba anual de 1.000.000 de dólares por mediação da Fundação Ford destinada à "emigração" de estudantes de graduação. O que é sintomático é o convênio especificar que *um verdadeiro professor deve publicar em inglês*.

Porém, nem tudo é acadêmico nesse mundo de Deus, pois a Atlantic Research Corporation of Alexandria desenvolveu uma pesquisa sobre "Conflitos subversivos na América Latina desde 1900" com a finalidade nada acadêmica de estudar os pré-requisitos para o desenvolvimento de operações militares anti-subversivas no continente (Nacla, 1971, p.159); assim, o Instituto Torcuato Di Tella de Buenos Aires preocupa-se com a sorte das populações marginais, no que tange a seu efeito potencial perturbador, e o estudante é objeto de pesquisa na Colômbia, Venezuela, por parte da Rockefeller Foundation e da CIA.

As universidades norte-americanas têm, porém, papel destacado no plano interno. Harvard, Stanford, Colúmbia fornecem os elementos da elite do poder, seja na área do Estado, bancos ou empresas multinacionais, preparam "especialistas" em assuntos latino-americanos para a propagação de uma ideologia sobre a América Latina. Papel destacado cabe às universidades de Wisconsin (Quadro 2), do Novo México,[7] de Stanford,[8] à Universidade do Texas em Austin.[9]

---

7 "De todos os projetos atuais de pesquisa atribuídos à Universidade do Novo México na *Latin American Research Review*, v.III, n.3, 1968, a quarta parte tratava de temas relacionados com a revolução na América Latina" (Nacla, 1971, p.113-4).

8 O Centro de Educação para o Desenvolvimento Internacional de Stanford fornece uma visão global da educação para o desenvolvimento de Recursos Humanos no Terceiro Mundo, financiado pelo governo dos EUA e pela Fundação Ford. Em outras palavras, "os EUA necessitam de uma visão mundial global para preparar técnicos e mão-de-obra com a finalidade de porem em funcionamento suas indústrias no exterior" (Nacla, 1971, p.119).

9 O Programa Latino-Americano da Universidade do Texas, em Austin, embora estude preferencialmente o México, "o dr. Richard N. Adams partici-

Quadro 2 – Programas universitários interamericanos da Universidade de Wisconsin

Brasil	Univ. Federal do Rio Grande do Sul	Programas Internacionais de Agricultura
	USP	Departamento de Física
Colômbia	Univ. de Antioquia	Faculdade de Educação
	Univ. Nacional da Colômbia	Centro Land Tenure
		Depto. de Veterinária
Chile	Universidade do Chile	Centro Land Tenure
		Depto. de Economia Agrícola
		Escola de Medicina
Honduras	Univ. Nacional Autônoma de Honduras	Comitê de Estudos Internacionais
México	Universidade de Carabobo	Escola Superior de Administração de Empresas

Fonte: Nacla, 1971, p.119.

Um otimista do Instituto de Pesquisas de Stanford pretendia sem mais nem menos desenvolver "um programa de três anos que forneceria quadros que poderiam converter o Vietnã do Sul no mostruário da Ásia do Sudeste" (Nacla, 1971, p.139).[10] Mais objetivo é o Centro de Estudo Latino-Americano da Universidade de Berkeley, que, com o pé na terra, procura estudar as fontes de apoio da Federação dos Estudantes Latino-Americanos, a utilização de recursos no Nordeste brasileiro, verificar o papel da educação superior na formação do pensamento político da juventude argentina (Nath American Council of Latin America, 1969).

No Brasil, o Iuperj analisa três décadas de liderança estudantil, o Cebrap pesquisa sobre crescimento de população e contro-

---

pou dezoito meses como assessor de programa da Fundação Ford na Argentina" (Nacla, 1971, p.125).

10 O otimista é Eugene Statley, que possui publicado um livro sobre "Desenvolvimento" (Nacla, 1971).

le de fertilidade, a Sociedade Brasileira para Educação pesquisa desde 1969, com verba de 365.000 dólares, o ensino das ciências sociais, a agricultura e a economia brasileira, junto com a Universidade do Estado da Guanabara.

A Universidade Federal de Minas Gerais, em 1966, com verba de 675.000 dólares, desenvolvia a pesquisa sobre o ensino das ciências sociais; o Estado de Minas Gerais, em 1968, recebia 198.000 dólares para pesquisa e ensino de agricultura e economia; o CNPq, em 1963, recebia 1.300.000 dólares para pesquisa e ensino em ciências. Em 1967, a Universidade Federal do Rio de Janeiro, com verba de 847.600 dólares, criava um Centro de Lingüística para preparar professores na área, para pesquisas em biologia reprodutiva e antropologia social.

O Departamento de Economia de Berkeley desenvolve um programa qüinqüenal (Programa de Ajuda ao Desenvolvimento do Brasil) financiado pela AID e cooperando com o Ministério do Planejamento e Ipea, no envio de assessores para formulação de planos econômicos e políticos.

A preocupação com a comunicação com povos de baixa cultura, enfocada no Brasil, constitui a finalidade do Centro de Estudos em Comunicações Internacionais da Universidade de Wisconsin.

Em suma, no referente à América Latina, sob a rubrica de "modernização" e "desenvolvimento", criação de uma sociedade "aberta", os estudos latino-americanos nos EUA tratam de problemas cruciais. Estudam a estratificação social comparada, os valores dos estudantes universitários, do campesinato, do operariado e da classe média. As pesquisas antropológicas sobre a América Latina preocupam-se com as revoltas das classes baixas. A finalidade é pesquisar os fatores que possam levar a uma mudança social que não se detenha na modernização pura e simples. Também é constante a preocupação na elaboração de modelos operacionais que identifiquem zonas críticas passíveis de controle militar direto. Em suma, trata-se de munir a elite norte-americana de material antropológico e sociológico sobre

Sobre educação, política e sindicalismo

elites e grupos minoritários que possam ser utilizados pelo poder para intervir na direção dos processos sociais e políticos latino-americanos. É o saber a serviço do poder.

O ensino de dinâmica de grupo, métodos de desenvolvimento rural e "modo democrático de vida" constituem-se num complemento a essa estratégia.

Mais nítida é a vinculação entre o imperialismo e a antropologia. Por ocasião do fim da Guerra dos Boers (1899-1902), os antropólogos ingleses procuram aplicar seus conhecimentos tendo em vista fins práticos. O Royal Anthropological Institute apresentou, na época, ao secretário de Estado para as Colônias, a proposta para que se estudassem as leis e instituições da diferenciação tribal na África do Sul. Tal estudo tinha em mira criar uma base, a política administrativa "racional". A administração dos povos coloniais sempre fora considerada terreno privilegiado para a aplicação do conhecimento antropológico. Os governos coloniais tinham noções diversas sobre a rapidez do processo de "ocidentalização" dos "primitivos".

Assim, após 1926, os funcionários da Administração Colonial nas colônias inglesas da África tropical, da Nigéria, da Costa do Ouro tinham noções rudimentares de antropologia ministradas por antropólogos do governo. Em Papua, no sudoeste da Nova Guiné, e no Sudão anglo-egípcio, foram criados cargos de *antropólogos coloniais*.

A produção teórica antropológica orientou-se pela *prática colonial*; assim, a pedido da Administração Colonial, Meyer-Fortes escreveu sobre os costumes matrimoniais dos tallensi; Rattray, antropólogo e funcionário colonial, escreveu sobre os ashanti.

Em Tanganica houve experimentos em antropologia aplicada, em que um antropólogo pesquisou com base em perguntas específicas formuladas por um burocrata colonial. Seus resultados apareceram no livro de Bronn, G. Gordon e Hutt A. McBruce, enquanto Francis Edgard Williams publicou trabalhos sobre os papua e informes sobre movimentos nativistas (Williams, 1940).

O sintomático é que esse estudo não se limitava à simples descrição das instituições nativas; pretendia explicar "uma perturbação social que preocupava as autoridades, sugerindo medidas oportunas" (Enciclopedia de las Ciencias Sociales, p.409-10). O governo britânico na Nigéria e Costa do Ouro sempre partilhou da idéia de que os nativos com posição tradicional eram "melhores agentes locais da política do governo e desejavam saber quem eram as pessoas que poderiam ser reconhecidas como autoridade indígena" (ibidem, p.409).

O colonialismo belga e holandês valorizava mais o conhecimento antropológico do que o inglês, como ressalta o antropólogo belga Nicaise: "na formação dos funcionários da administração colonial belga e holandesa, dedicava-se *mais tempo* ao estudo da etnografia e do direito costumeiro do que na Grã-Bretanha" (ibidem, p.410).

Tanta boa vontade leva à formação do Instituto Internacional Africano em 1926, dedicando-se à pesquisa em antropologia e lingüística. O fim era altamente eugênico, pois "o conhecimento obtido ajudaria o administrador a fomentar o crescimento de uma *sociedade orgânica, sã e progressiva*. Afinal, a antropologia aplicada significava o uso do conhecimento antropológico para estabelecer uma situação social *sã*" (International..., 1932).

As Colonial Development and Welfare Acts, em 1940 e nos anos seguintes, destinaram recursos para pesquisas, constituindo-se em Comitês de Especialistas que opinavam a respeito da concessão de subvenções para pesquisa; alguns dos candidatos "demonstraram que qualquer aumento do conhecimento da estrutura social do povo submetido à sua autoridade é válido para o Governo" (ibidem, p.409).

Assim, o East African Institute especializou-se em estudar as conseqüências sociais da emigração da mão-de-obra, *as causas de as deficiências dos chefes de aldeias africanas atuarem como agentes da política do governo colonial.*

Sobre educação, política e sindicalismo

O Rhodes Livingstone Institute estudou intensivamente a urbanização nas zonas das minas de cobre da África central, enquanto o West African Institute estudou a população empregada nas explorações agrícolas da Cameroons Development Corporation. Em tese, os destinos da pesquisa e análise antropológica reproduzem as vicissitudes da formação econômico-social. Assim, antes de analisarmos a emergência da antropologia norte-americana, sua metodologia e as implicações sociopolíticas, é importante notar que os EUA, antes de terem colônias externas, tinham-nas internamente. A antropologia aplicada norte-americana inicia-se quando em 1934 o governo dos EUA cria o Bureau of Indian Affairs: as empresas privadas utilizam-se da antropologia, aplica-se a metodologia antropológica entre 1927 e 1932 em Hawthorne, na Western Electric Company em Chicago. Em 1941, funda-se a Society for Applied Anthropology, com interesse na área de saúde mental, organização industrial e relações entre o desenvolvimento econômico e mudança cultural.

É por ocasião da Segunda Guerra Mundial que o governo norte-americano *empregou antropólogos com a finalidade de explicar a cultura das zonas ocupadas àqueles membros do Exército que precisavam do trabalho dos nativos como operários, ou mensageiros* (International..., 1932, p.410).

Tanto nos EUA como na Austrália, o curso destinado a oficiais que iriam governar territórios ocupados incluía lições de antropologia.

Os antropólogos são empregados como consultores nos projetos de assistência técnica dos EUA. A antropologia aplicada após a Segunda Guerra Mundial orientou-se em direção a programas práticos destinados a acelerar mudanças específicas em determinadas sociedades dominadas. Assim, a estrutura e o funcionamento da administração colonial na África e na Oceania, o contingente índio na América espanhola e as reservas indígenas nos EUA foram amplamente estudados.

A antropologia social irá desenvolver-se em função do Office Colonial Britanique após o início da Segunda Guerra.

O fato é que aqueles que mantêm uma guerra colonial oprimem seu próprio povo, e as mazelas da deformação colonial impregnam a mente de seus especialistas a ponto de

> nos EUA um eminente sociólogo, presidente da Associação de Ciências Sociais, no seu discurso de posse sugerir, como solução do "problema negro", a transferência maciça de negros para os Andes. Seja dito que não consultara antes nem os negros nem os andinos. (Anthropologie et impérialisme, p.2357)

O problema é que o mito da "sociedade aberta" foi precedido nos EUA pela hegemonia do poder branco, pelo genocídio de povos inteiros "por uma sociedade que se vangloria de igualitária; isso *antecedeu* a auto-idealização romântica" (Mintz, p.2358).

A preocupação tipicamente norte-americana com a "missão" civilizadora no mundo levou os etnólogos nacionais a estudarem índios mortos ou culturas mortas. O estudo do negro assume a forma de "estudo de relações raciais", em que é afirmada a hegemonia do branco. Diferentemente deles, o etnólogo R. Boigtenhijs estudou os mau-mau revelando ao mundo que eles possuíam mais idéias modernas que os colonos do Kenya podiam perceber.

O conhecimento antropológico pode servir ao imperialismo; desse modo, um "antropólogo crítico" não poderá "esquentar" durante muito tempo cadeira no Centre National de Recherche Scientifique ou na Universidade de Cambridge. Especialmente se ele for voltado ao *atual*. Seria interessante se a antropologia brasileira dedicasse mais atenção à expansão econômica do Brasil no quadro latino-americano, seu impacto no Paraguai, na Bolívia, no Uruguai. O antropólogo especialista em populações *esquecidas* ou de uma antropologia assistencialista, funcionário governamental (EUA), depende de um governo conservador num mundo em mudança. Sua posição de branco liberal é colocada em xeque; ele foge via estudos de "aculturação", "modernização", "urbanização". Desenvolve uma retórica acadêmica na qual não há alienação; o poder é negado, existe a pluricausalidade e os estudos de comunitários; sua dependência dos financiamentos leva-o a estudar os problemas conforme a ótica dominante, que é a da classe dominante.

Da ascensão do capitalismo e evolucionista no declínio do capitalismo, a antropologia torna-se difusionista. No fundo, as ciências sociais tendem a transformar-se em gigantesco Projeto Camelot (Quadro 3) para empregar a classe média intelectualizada, legitimar a dominação da elite e ludibriar os dominados por uma retórica vazia, na qual as categorias *folk* e *"continuum* rural-urbano"* escamoteiam a dominação do imperialismo.

Quadro 3 – Assessores do Projeto Camelot

Dr. Clark C. Abt	Presidente de Abt Associates
Srta. Kathlenn Archibald	Pesquisadora assistente em Sociologia, Universidade da Califórnia, Berkeley
Dr. Jessis Bernard	Professor emérito em Sociologia, Universidade do Estado da Pensilvânia
Dr. Frank Bonilla	Professor adjunto em Ciências Políticas, Centro de Estudos Internacionais do MIT (Instituto de Tecnologia de Massachusetts)
Dr. Thomas E. Caywood	Sócio de Caywood & Schiller
Dra. Ira Cisini	Professora de Sociologia da Universidade George Washington
Dr. James S. Coleman	Professor de Sociologia da Universidade Johns Hopkins
Dr. Lewis Coser	Professor de Sociologia da Universidade de Brandeis
Dr. Theodore Draper	Pesquisador adjunto, Instituto Hoover da Universidade de Stanford
Dr. Harry Eckstein	Professor de Política da Universidade de Princeton
Dr. N. S. Eisenstadt	Professor de Sociologia da Universidade Hebraica de Jerusalém
Dr. Frederick Frey	Professor adjunto em Ciências Políticas do Instituto de Tecnologia de Massachusetts (MIT)
Dr. William Gamson	Professor adjunto em Sociologia da Universidade de Michigan

continuação

Dr. Gino Germani	Professor visitante de Sociologia, Universidade de Columbia
Dr. W. J. Goode	Professor de Sociologia da Universidade de Columbia
Dr. Robert Refner	Professor adjunto, Psicologia, Universidade de Michigan
Dr. Arthur Hoehn	Pesquisador científico, Humrro
Dr. Richard Jung	Pesquisador adjunto, Departamento de Sociologia, Universidade de Cornell
Dr. Samuel Klausner	Pesquisador adjunto sênior, Centro de Investigações em Ciências Sociais, Inc.
Dr. William Kornhauser	Professor adjunto, Sociologia, Universidade da Califórnia, Berkeley
Dr. Sheldon Ley	Professor adjunto de Psicologia, Universidade de Michigan
Dr. Jiri Nehnevasaja	Professor de Sociologia da Universidade de Pittsburgh
Dr. Hugo Nutini	Professor assistente de Antropologia, Universidade de Pittsburgh
Dr. William Riker	Professor em Ciências Políticas da Universidade de Buffalo
Dr. R. J. Rummel	Professor adjunto em Ciências Políticas, Universidade de Yale
Dr. Gilbert Shapiro	Professor adjunto de Sociologia, Boston College

É o colonialismo que torna possível a antropologia[11] e é ela que procura "entender" o colonialismo: isso é claro quando africanistas liberais desenvolvem temas sugeridos pela CIA como "A bruxaria e a magia e outros fenômenos psicológicos e suas implicações sobre as operações militares e paramilitares no Congo". Ou quando a informação antropológica serve, como na Tailândia, para selecionar vilas para o objeto de bombardeios de saturação ou utiliza dados socioculturais para assassinar líderes comunitários ativos.

---

11 É claro que o surgimento de obras como de Lattimore, Jan Myrdal, Wilfred Burchet, William Hanton descortina novos rumos ao antropólogo não-acadêmico. A mesma realidade que cria o academismo cria sua negação.

O pluralismo no plano do conhecimento em nível metodológico nada mais é do que a institucionalização de uma posição relativista, traduzindo na linguagem do método a tolerância repressiva[12] manifesta no pluralismo político que oferece ao cidadão um "leque de escolhas" que vai do Partido Conservador ao Liberal. Todo conservador é pluralista; porém, a verdade é uma só, não é pluralista.

Referências bibliográficas

ANTHROPOLOGIE ET IMPÉRIALISME. *Les Temps Modernes*, n.299-300, p.2357.

BETTS, A. S. Adress to the armed forces comunications electronic association. *North American Council of Latin America*: the military industrial, academic-police-complex. New York, 1970.

DEL RIO, B. Metodologia econômica para México. *Comércio Exterior*, v.20, n.6, p.553, jul. 1970.

---

12 Existe pelo menos uma polícia no mundo que tem a ousadia de reconhecer que estabelece um registro em que são inscritos os "ativistas políticos"! Trata-se da polícia brasileira. O esquema que segue representa um relatório estabelecido por um homem de negócios da IBM, chamado Mozart. Ele nos indica os elementos que a polícia brasileira quer inserir no seu novo computador. Entre estes, figura o registro "ativista político". Podemos pensar que o seu número é tão grande que justifique a utilização de um computador! Sempre segundo o esquema, "40 terminais de televisão serão ligados ao computador que estará operando dia e noite (existem dois computadores para poder remediar qualquer avaria de um deles). Os terminais serão repartidos por todo o território e permitirão a cada polícia consultar as informações sobre todos os indivíduos suspeitos, e também fazer chegar informações, sempre que isso lhe pareça útil. O Brasil é conhecido como um Estado policial e constitui, através das suas boas relações com os Estados Unidos, um excelente terreno de ensaio para as técnicas que a polícia americana ainda *não* pratica, pelo menos abertamente. Esse esquema nos indica até o preço do aluguel desses computadores: eles custam a insignificante soma de 85.000 dólares por mês, dos quais os acionistas da IBM verão apenas 15.000 por ano" (Heierli, 1976, p.210-1).

ENCICLOPEDIA DE LAS CIENCIAS SOCIALES, *Antropologia*, p.409.

FOREIGN AFFAIRS, jul. 1968.

HEIERLI, U. *Realidade tecnológica*. Porto: Res, 1976.

HOROWITZ, I. L. A dilema for social science. *Bulletin of the atomic scientist*. Washington, Sept. 1966.

INTERNATIONAL INSTITUTE OF AMERICAN LANGUAGES AND CULTURES. *A five-year plan of research*. África, 5:1-13, 1932.

MINTZ, S. Le rouge et le noir. *Les Temps Modernes*, n.299-300, p.2358.

NACLA (North American Congress on Latin America). *Ciencia y neo-colonialismo*. Buenos Aires: Periferia, 1971.

NORTH AMERICAN COUNCIL OF LATIN AMERICA. New York, San Francisco, p.21, 1969.

SAXE FERNANDEZ, J. Las ciencias sociales y la contra-revolucion preventiva en America Latina. *Aportes*, Paris, 1964.

WILLIAMS, F. E. *Orokaiva Magic*. London: Oxford University Press, 1928.

_____. *Drama of Orokalo*. Oxford: Clarendon Press, 1940.

3
A escola como organização complexa

A ocidentalização da cultura caminha a par com o desenvolvimento urbano, comercial e a necessidade de "letrados" para darem andamento burocrático às estruturas de poder formadas em torno da Igreja e do Estado Moderno. De um lado, o intelectual é domesticado no contexto das universidades ligadas à Santa Sé; de outro, com a emergência do jesuitismo, seu aprendizado passará pelo processo de organização e planejamento de estudos num espírito de obediência – é o sentido da *Ratio Studiorum* de 1586.

No século XIX, a introdução da técnica e a ampliação da divisão do trabalho, com o desenvolvimento do capitalismo, levam à necessidade da universalização do saber ler, escrever e contar. A educação já não constitui ocupação ociosa e sim uma fábrica de homens utilizáveis.[1]

---

1 O taylorismo tem a finalidade de eliminar o poder de decisão do operário, transformá-lo numa máquina. A organização moderna é a instituição onde

Hoje em dia a preocupação maior da educação consiste em formar indivíduos cada vez mais adaptados ao seu local de trabalho, porém capacitados a modificar seu comportamento em função das mutações sociais. Não interessam, pelo menos nos países industrialmente desenvolvidos, operários embrutecidos, mas seres conscientes de sua responsabilidade na empresa e perante a sociedade global.[2] Para tal constitui um sistema de ensino que se apresenta com finalidades definidas e expressas.

Porém, se esse é o objetivo do sistema de ensino, insere-se no mesmo um corpo professoral encarregado de transmitir o saber e mais ainda preocupado em inserir-se na sociedade, ter reconhecimento oficial, êxito no magistério enquanto "carreira", para isso utilizando os diplomas acreditativos possíveis, numa sociedade onde, segundo Max Weber, o diploma substitui o direito de nascença.

A realização de tais objetivos pressupõe a existência de uma "burocracia pedagógica" com objetivos definidos ante a sociedade global, porém nem sempre os predominantes.

O sistema burocrático estrutura-se nas formas da empresa capitalista como também na área da administração pública; seu papel essencial é organização, planejamento e estímulo.

---

se realiza a relação de produção que constitui a característica de todo o sistema social, é o mecanismo de exploração, se rege pela coerção e manipulação. A substância da organização não é um conjunto funcional, mas sim a exploração, o boicote e a coerção.

2 SIMON – A hierarquia é necessária para alcançar um fim comum; ela tende a tornar-se mais rígida quanto mais complexa é a organização. Sustenta-se que, da mesma maneira como no mecanismo de mercado, o fim de todos coincide com o de cada um. Acha-se como pressuposto um certo tipo de racionalidade que os utilitaristas do século passado sustentavam como universal. No entanto, *os fins são formulados pela cúpula; a teoria da organização pretende não discutir o problema central do poder*. Isso explica também o êxito do estudo referente aos "pequenos grupos", onde *o conformismo constitui fonte de felicidade*.

O sistema burocrático estrutura-se em nível de cargos, que por sua vez articulam-se na forma de "carreira", onde diploma acreditativo, tempo de serviço e conformidade às regras constituem precondições de ascensão. Seu modo de recrutamento e sistema de promoção são definidos por ela como sigilo, como mecanismo de comunicação intraburocrático, diluído nas diversas áreas de competência.

Um dos aspectos estruturais do sistema de educação burocrático é que os usuários não controlam de modo algum a gestão dos fundos que dedicam à coletividade.

A estrutura burocrática do ensino no âmbito nacional desenvolve-se em três níveis:

– organização do pessoal;
– programas de trabalho;
– inspeções e exames.

No que se refere ao pessoal, o burocrata da educação está separado dos meios de administração como o operário dos meios de produção, o oficial dos meios de guerra e o cientista dos meios de pesquisa.

O pessoal docente no sistema burocrático pode ser recrutado por concurso de títulos e provas, contratado a título precário, cujo nível de vencimento dependerá do número de aulas atribuídas por escolha fundada em pontos obtidos, a critério das Secretarias de Educação.

Pode-se dar o caso de docente contratado a título precário e estabilizado no cargo por decreto, em obediência a exigência constitucional.

A ascensão do docente na carreira não depende da verificação dos resultados obtidos a longo prazo pelo mesmo sobre seus alunos; portanto, os critérios de eficácia ou valor são desprezados e o de conformidade (aprovação nos exames, provas), supervalorizado.[3]

---

3 AUTORITARISMO NO ÂMBITO ESCOLAR – A palavra autorizada é do mestre, ela mesma é definida pelo programa e pelas instruções sobres-

O exame, mais que o programa, define a pedagogia do docente. O objetivo que a pedagogia burocrática lhe propõe não é o enriquecimento intelectual do aluno, mas seu *êxito* no sistema de exames.

O melhor meio para passar nos exames consiste então em desenvolver o conformismo, submeter-se: isso é chamado de "ordem". Portanto, colocam-se três objetivos ao docente: conformidade ao programa, obtenção da obediência e êxito nos exames. A escola conduz a um condicionamento mais longo num quadro uniforme e máxima divisão do saber, que não visa à formação de algo, mas sim a uma acumulação mecânica de noções ou informações mal digeridas. Se na Europa ou na América Latina o professor tende cada vez mais a responder a controles burocráticos, nos EUA as associações de pais, indústrias, grupos exercem pressões para que se ensinem determinadas coisas com um tipo de orientação definida. Essa interiorização da burocracia, Alexis de Tocqueville no século XVIII e Riesman no século XX consideram uma das características da cultura norte-americana.

A comunidade de pais encontra no controle burocrático a melhor garantia contra quaisquer tendências desviantes do professor ao saber, que é severamente controlado, julgado e regulamentado.

É nos níveis mais inferiores de ensino que a comunidade de pais tem maior peso; quando a origem social dos alunos é pobre, o controle do vértice sobre a escola é ligado ao controle pela base na forma de Conselho ou Comunidade de Pais. Quando o extrato social original dos alunos e professores é alto, por exemplo em nível universitário, o controle burocrático de topo satisfaz.

Há uma ambivalência em relação à figura do professor: de um lado, é desprezado como "servidor da comunidade"; de outro, encarado como portador do saber absoluto, é criticado por não

---

salentes. O caderno funciona como registro e permite a inspeção, o controle da conformidade. Os dispositivos audiovisuais permitem difundir programas pré-fabricados que correspondam a um discurso escolar estritamente subordinado à organização!

fazer sentir todo o peso de sua autoridade sobre o aluno. O público gosta da burocracia, quer ver seus filhos enquadrados, condicionados, como única condição de atingir a fase "adulta".

Uma escola fundada na memorização do conhecimento, num sistema de exames que mede a eficácia da preparação ao mesmo, nada provando quanto à formação durável do indivíduo, desenvolve uma pedagogia "paranóica", estranha ao concreto, ao seu fim. Quando falha, "interpreta" esse evento como responsabilidade exclusiva do educando.

Uma minoria de jovens pertencentes a camadas superiores da classe trabalhadora, ou pequenos funcionários, não freqüenta o secundário e se realiza em profissões que exigem uma formação profissional específica. Assemelha-se à alta burguesia, que não se preocupa com a promoção social de seus filhos, oferecendo-lhes mais lazeres e liberdade, condições de apreensão de um autêntico conhecimento. Enquanto isso, a pequena burguesia quer "subir" e os trabalhadores estão determinados a "sofrer" uma escola que não toma em conta suas aspirações. Esse contingente às vezes perfaz 80% da população.

No âmbito microescolar, encontramos na escola uma burocracia de *staff* (diretor, professores, secretário) e de linha (serventes, escriturários, bedéis).

Os relacionamentos *staff* e linha variam muito com o grau de escola: se médio ou superior.

Atualmente efetuou-se no Brasil uma conjunção do nível primário e médio, tendendo à escola "unificada", que não deixou de criar problemas de "áreas de competência" entre o *staff*: quem dirige a escola unificada: o diretor do antigo primário ou do secundário?

Em suma, na escola como organização complexa articulamse as várias instâncias burocráticas acima enunciadas, incluindo a inevitável Associação de Pais e Mestres e o aluno, objeto supremo da instituição, conforme o tom dos discursos solenes em épocas não menos solenes.

O corpo de professores procura manter sua legítima esfera de autoridade sem intromissões "estranhas". São unânimes na recusa à interferência dos pais no seu trabalho, pois isso pode prejudicar sua posição de autoridade e sujeitá-los a controles por elementos estranhos.[4]

Nas suas relações com o diretor, a expectativa de comportamento dos professores é que recebam apoio do mesmo, seja em relação a alunos ou pais de alunos. Funciona o princípio de que nenhum professor deva criticar o colega ante terceiros, especialmente alunos.

O diretor, por sua vez, funciona como mediador entre o poder burocrático da secretaria e a escola como conjunto; sofre pressão dos professores no sentido de alinhar-se com eles, dos alunos para satisfazer reclamos racionais ou não, dos pais para manter a escola no nível desejável pela "comunidade". Tem que possuir as qualidades de um político, ter algum senso administrativo, ser especialista em relações humanas e relatórios oficiais.

O pessoal de linha está diretamente subordinado ao diretor. Pode ser utilizado como meio de controle do corpo professoral, pelos controles das "conversas de corredor" e de "sala de professores", como também, se o diretor for do tipo "ausente", ter em suas mãos o controle da "docilidade" dos alunos por meios informais, assegurando o bom andamento da instituição.

O pessoal de linha administrativo enfatiza algumas singularidades do comportamento burocrático, especialmente evitar a discussão pública de suas técnicas. Os despachos de "processo" são sonegados ao interessado enquanto não se der o chamado "despacho final" no citado processo. Burocracia administrativa

---

4 A convicção de que o prestígio profissional está progressivamente diminuindo é confirmada por pesquisas realizadas nos EUA, na Itália, na Alemanha, no que se refere a professores de nível ginasial, conforme G. Schefer, 1969, especialmente p.43-50.

entende-se como uma certa adesão a regras – atividades/meio –, tendo em vista fins determinados. No entanto, a disciplina, definida como adaptação a regulamentos, não é encarada como adaptação a finalidades precisas, mas se constitui num valor básico na estrutura burocrática. Esse deslocamento das finalidades originais que se dá no processo burocrático determina alto nível de rigidez e incapacidade de ajustamento a situações novas. Daí a ênfase no formalismo e o exagero no ritualismo burocrático nos estabelecimentos de ensino, no nível administrativo.

A estrutura de "carreira" leva o funcionário a adaptar seus pensamentos, sentimentos e ações nessa perspectiva, o que o induz a timidez, conservadorismo rotineiro e tecnicismo.

A burocratização desenvolve a despersonalização de relações entre burocracia e público, funcionários de secretaria escolar e o estudante. Ela desenvolve a tendência do burocrata a concentrar-se nessa norma de impessoalidade e a formar categorias abstratas, criando conflitos nas suas relações com o público, pois os casos peculiares individuais são ignorados, e o interessado, convicto das peculiaridades de *seu* problema, opõe-se a um tratamento impessoal e categórico.

O comportamento estereotipado do burocrata não se adapta às exigências dos problemas individuais. O tratamento impessoal que ele confere a assuntos de grande significado pessoal para a parte interessada (aluno, professor) leva-o a ser visto como "arrogante", "insolente".

Tudo isso é coberto de uma grande capa de dramaturgia. O que significa isso? A dramaturgia, o culto da aparência, dos gestos, tem um valor legitimado na estrutura burocrática. Da mesma maneira que a bata branca do médico ou do professor mostra que ali há alguém de limpeza irrepreensível, a régua de cálculo do engenheiro mostra alguém altamente especializado e "preciso". O talento dramático tem cada vez mais importância na função hierárquica, qual seja, do diretor severo, porém benevolente, do inspetor rígido e ao mesmo tempo assíduo tomador de cafezinhos na diretoria, além de assinante regular do célebre Livro de Termo de Visitas da Escola, como comprovante de que passou por lá...

Há um conceito segundo o qual os ocupantes de posições hierárquicas são os mais capacitados, os mais trabalhadores, os mais indispensáveis, os mais leais, fidedignos e os mais autocontrolados; em suma, os mais justos, honestos e imparciais. Também visualiza-se que uma pessoa muito ocupada é de importância incalculável para a burocracia e encara suas tarefas de maneira mais séria que as outras pessoas. É aconselhável para aqueles que querem vencer na estrutura burocrática carregarem as pastas debaixo do braço, mesmo quando saiam à noite ou pensem folgar nos fins de semana.

Acresce nas burocracias educacionais, escolares ou ministeriais que o sistema de *status* tem seu próprio dispositivo dramatúrgico, incluindo insígnias, títulos, deferências e símbolos de grandeza material, como salas forradas de tapetes ou mobiliário luxuoso, ainda ditos filosóficos profundos como vê quem adentra a sala de um administrador universitário, por sinal também professor: "Quem sabe faz, quem não sabe *ensina*".

Em suma, a conduta burocrática implica uma exagerada dependência dos regulamentos e padrões quantitativos, impessoalidade exagerada nas relações intra e extragrupo, resistências à mudança, configurando os padrões de comportamento na escola encarada como organização complexa. Em suma, o administrativo tem precedência sobre o pedagógico.

A escola como centro da reprodução das relações de produção

Não há escola única. Há graus de ensino aos quais alguns têm acesso em nível decrescente quanto mais alto for o escalão acadêmico.

Sobre educação, política e sindicalismo

A partir do primário, opera-se a divisão de duas redes de escolarização de classes, na medida em que o ensino primário:

a) garante uma distribuição material, repartição dos indivíduos nos dois pólos da sociedade;

b) garante uma função política e ideológica de inculcação.

A separação dos alunos em duas redes no ensino primário é o *meio* e princípio do funcionamento. Efetua-se no *interior* da escola primária: uma em direção acadêmica, outra em direção profissional.

Uma rede é "primária profissional" e a outra é "secundária superior". O prolongamento da escolaridade obrigatória reforça o processo. A generalização da escolaridade obrigatória "única" é a generalização da divisão.

A inculcação ideológica se dá através das várias formas de "saber", "verdade", "cultura", "gosto".[5]

Na rede escolar, o culto da arte, ciência pura, profundidade filosófica, sutilezas psicológicas são formas de inculcação vinculadas a orientar a ação do educando conforme as normas de direito, políticas hegemônicas, sendo representadas como deveres.

A inculcação não se dá apenas pelo discurso, mas também mediante práticas de exercícios escolares em que a nota equivale ao salário, recompensa pelo trabalho realizado.

Da mesma maneira que o mercado do trabalho é regalado pela competição, no interior da escola ela é cultuada nos sistemas de promoção seletivos. O aluno é *obrigado* a estar na escola e é *livre* para decidir se quer trabalhar ou não, ter êxito ou não, como o indivíduo é *livre* ante o mercado de trabalho.

---

5 O discurso sobre a produção reservado aos tecnocratas, o discurso sobre as relações sociais reservado aos políticos, o discurso da mudança reservado aos revolucionários profissionais, o discurso sobre o sexo reservado ao Conselho Superior para a Educação Sexual, o discurso sobre o corpo de âmbito dos médicos!

As práticas do ritualismo escolar – deveres, disciplinas, punições e recompensas – constituem o universo pedagógico.

A escola realiza com êxito o processo de recalcamento de pontos de vista opostos aos hegemônicos e essa sujeição condiciona a inculcação. O trabalho é vagamente valorizado como artesanato, o processo histórico é reduzido a um conjunto de guerras, datas e nomes cuja finalidade principal é reduzir à *insignificância* o *significativo*: dimensões sociais do histórico ou sua temporalidade. Veja-se a dificuldade em convencer os historiadores de que o *presente* também é história.

O aparelho escolar contribui para a reprodução da *qualidade* da força de trabalho porque transmite saber e regras de conduta (ler, escrever e contar) e tem um destino produtivo.

Os alunos da rede escolar recebem também conteúdos científicos. Eis que o processo de escolarização contribui para a reprodução das condições materiais de produção, uma vez que a produção social é uma transformação material da natureza, supondo o conhecimento objetivo sob as mais variadas formas.

Todas as práticas escolares estão a serviço da inculcação, que pressupõe "técnicas", "métodos" apropriados. A técnica escolar neutraliza os conteúdos de inculcação e os de saber positivo homogeneizando-os, na medida em que são ensinados como *regras escolares*.

O conhecimento escolar é usado no quadro de problemas surgidos da prática escolar com objetivos definidos: dar notas, classificar e sancionar os indivíduos.

Isso porque há uma separação entre as práticas escolares e as práticas produtivas em geral. A *separação* escolar é chave na determinação do papel no conjunto de relações da sociedade atual. Isso é devido à divisão entre o trabalho material e o intelectual, entre teoria e prática. Toda escolarização é por sua natureza conservadora, pois é ela quem legitima a separação entre a consciência e a prática.

Sobre educação, política e sindicalismo

A escola é regida pelo princípio da contradição e não são categorias como "psicologia do escolar", "norma", "anormal" e sim categorias como "inculcação", "submissão", "recalcamento" que podem explicar alguns dos fenômenos que ocorrem nas estruturas escolares.

Como aparelho ideológico, a escola primária reflete uma unidade contraditória de duas redes de escolarização. A escola favorece os favorecidos e desfavorecidos e o princípio disso está na diferença social da família.

Trata-se de se perguntar a cada indivíduo dado como ele passou sua infância pré-escolar, ela como determinante de sua escolaridade individual ulterior. As classes sociais não podem ser pensadas a partir dos *indivíduos*. *Elas não se reduzem às propriedades sociais características de cada indivíduo*. Essa visão atribui importância à família, lugar material da primeira educação. A explicação é regressiva, cronológica, individual.

Essa cronologia família, escola primária, ginásio ou não, só existe do ponto de vista do indivíduo. Na realidade, família, escola primária, ginásio etc.:

a) preexistem ao próprio indivíduo;
b) coexistem simultaneamente;
c) mantêm relações necessárias entre si.

O professor está a serviço do aparelho escolar, não de sua classe. À falta de base, um nível de ensino remete ao imediatamente inferior e este à família, esquecendo que há duas redes *devido à relação social de produção*. Se há famílias providas e desprovidas é porque há duas classes. O funcionamento do conjunto do aparelho escolar e o lugar da escola primária no interior do aparelho escolar são definidos na sua função de reprodução das relações sociais de produção.

Para Marx, as relações sociais de produção são a combinação social das forças produtivas, a maneira pela qual os instrumentos de produção e o próprio trabalho produtivo se repartem *socialmente* entre os vários agentes da produção. O essencial é a relação de propriedade. Daí as relações sociais da produção capitalista se definirem pela *separação* entre trabalho produtivo e os meios de produção, exploração do trabalho pelo capital.

O operário reproduz-se enquanto tal na medida em que não tem elementos para acumular, mas somente para reproduzir sua força de trabalho. Essa reprodução pode originar-se a partir da industrialização da agricultura, empobrecimento das classes médias.

O aparelho escolar tem seu papel na reprodução das relações sociais de produção quando:

a) contribui para formar a força de trabalho;
b) contribui para inculcar a ideologia hegemônica, tudo isso pelo mecanismo das práticas escolares;
c) contribui para reprodução material da divisão em classes;
d) contribui para manter as condições ideológicas das relações de dominação.

O aparelho escolar impõe a inculcação ideológica primária e é seguido pelos diversos aparelhos: televisão, publicidade, seitas etc.

A escola inclui, na forma de rudimentos, técnicas indispensáveis à adaptação ao maquinismo, em geral na forma preparatória.

Na família camponesa fundada na exploração agrícola em comum, a escola é considerada tempo perdido; não há escola de agricultura. O que aparece com esse título é escola para exploração agrícola capitalista.

A escola pode ser aparelho ideológico segundo estágios do modo de produção capitalista na sua combinação concreta no interior de cada formação social capitalista.

A escola não cria a divisão em classes, mas contribui para essa divisão e reprodução ampliada.

A reprodução ampliada das classes sociais comporta alguns aspectos:

a) A reprodução ampliada dos *lugares* que ocupam os agentes. Esses lugares designam a determinação da estrutura sobre a divisão social do trabalho.

b) A reprodução (distribuição) dos próprios agentes entre esses lugares. Aí intervém ativamente na reprodução dos lugares das classes sociais. Há uma reprodução das classes sociais e pela oposição de classes, onde se move a reprodução ampliada da estrutura, inclusive das relações de produção que presidem o funcionamento dos aparelhos ideológicos.

Os aparelhos ideológicos não criam a ideologia; inculcam a ideologia dominante. Não é a Igreja que cria e perpetua a religião; é esta que cria e perpetua a Igreja, diferentemente do que pensava Max Weber.

A análise do fetichismo da mercadoria ultrapassa os aparelhos ideológicos. Uma "empresa" é um aparelho no sentido de que há *divisão social do trabalho em seu interior*. A organização despótica do trabalho define *as relações políticas e ideológicas concernentes* aos lugares das classes sociais no conjunto da estrutura.

Há mecanismos para a reprodução de lugares e agentes; daí a insanidade em falar de *ascensão social* ou *mobilidade social*.

Dá-se a reprodução dos agentes. A "qualificação" é uma qualificação-sujeição, não é somente qualificação técnica do trabalho.

A empresa é um aparelho distribuindo seus agentes no seu *interior*. As classes capitalistas não são castas escolares. A relação escola–aparelho econômico continua a exercer sua ação durante sua atividade econômica: isso se chama pudicamente *formação permanente*.

Não é a escola que faz com que sejam principalmente *camponeses* a ocuparem os lugares suplementares de operários. É o êxodo dos campos, acompanhando a reprodução ampliada da classe operária, que desempenha o papel da escola.

c) Trata-se de uma distribuição primeira dos agentes, ligada à reprodução primeira dos lugares das classes sociais: é ela que designa para este ou aquele aparelho, para esta ou aquela série entre eles, e segundo as etapas e as fases da formação social, o papel respectivo que eles assumem na distribuição dos agentes.[6]

As organizações complexas controlam e domesticam as forças sociais. Elas codificam, centralizam. Essa apropriação pela organização da existência, sob todas as formas, é realizada também pela destruição e desintegração, eliminando as forças que se opõem à sua expansão.

Atrás do discurso da "racionalidade" nessa luta, a organização abriga-se para legitimar sua empreitada e desqualificar uma realidade que ela mutila.

Taylor, no que tange à organização industrial, Lenine, no que se refere à organização política, e Clausewitz, para a organização militar, são os fundadores de uma teoria que eles dominam a partir de seu *status* de chefes. A organização científica necessita de pais "místicos" para assegurar sua fundamentação.

As organizações são, acima de tudo, produtos historicamente dados e não "sistemas fechados" a-históricos, como pensa Crozier.

---

6 Muitas pesquisas desenvolvidas em diversos países demonstraram que o excessivo contingente de alunos por classe é uma das maiores fontes de insatisfação dos professores, conforme Schuh (1962). Nessa pesquisa, que envolveu 508 professores alemães, as maiores fontes de insatisfação provinham: do excessivo número de alunos por classe, do baixo prestígio social do ensino e da escassa possibilidade de carreira. Resultados idênticos no que respeita à França foram colhidos por Benjamim (1964).

A Europa caracteriza-se na educação por um sistema de mobilidade *cooperativo*. Os alunos das classes inferiores são eliminados de diversas formas. O simples fato de a escola cujo recrutamento de alunos estrutura-se nas classes média e alta estar próxima à habitação do aluno, formar classes pequenas, possuir material didático singulariza-a ante os alunos das classes pobres.

Há uma escola média para formação da classe dirigente, e outra técnica, sem possibilidade de chegar ao nível superior, para a classe operária. Isso fora teorizado por Giuseppe Botai (1941, p.28).

Sobre educação, política e sindicalismo

Pretendendo romper com o passado, criticando acerbamente as instituições tradicionais, a teoria organizacional procura uma ruptura "epistemológica". Essa ruptura tem como função proibir quaisquer comparações entre instituições tradicionais e organizações modernas. Nessa imagem de organização encontram-se estocados mitos, fábulas e lendas, um universo fantasmagórico mais ou menos discretamente camuflado que subsiste na base do discurso organizacional.

As organizações políticas, como as industriais, reforçarão a área do imaginário. O tom será mais ou menos severo, pois, na iminência da tragédia, a traição ameaça o herói!

A escola tem um papel nessa mascarada organizacional, operando as variações mais amplas, a partir dos papéis de mestre, aluno, burocrata administrador. O asilo inventa a loucura ao sabor de suas conveniências pessoais.

O que se esconde atrás da representação de racionalidade organizacional? Marx nos ensinara a ver que atrás do espetáculo da circulação de mercadorias escondia-se o trabalhador mutilado; o fetichismo mercantil esconde o sentido da organização. Ela é a base mais apropriada à imaginação moderna. Isso constitui uma das condições do desenvolvimento das organizações.

Centro da tensão é ao mesmo tempo da transferência: o tempo presente transcorre em função de satisfações futuras. A organização burocrática exerce a ditadura do signo, na qual as palavras-chave que a designam são Contabilidade, Plano, Programa, Controle.

A organização complexa apresenta-se como uma forma à qual tudo deve se submeter.[7]

---

7 Pré-requisitos necessários ao professor inglês no início do século XVIII: "Ele deve ser: 1) membro da Igreja da Inglaterra, de vida e palavra austera, idade não inferior a 25 anos; 2) dedicado à Santa Comunhão; 3) capaz de autodomínio de si e das paixões; 4) de caráter submisso e conduta humilde; 5) possuir bom talento didático; 6) bem informado dos princípios e fundamentos da religião cristã, com capacidade para prová-lo ante o ministro da

Nos supermercados, nenhum objeto é percebido na sua imediatez: tudo é empacotado, conservado, etiquetado. Do produto somente percebemos a representação, fotografia, legenda, desenho. Os corpos materiais dissolvem-se em corpos de signos; são elementos num único texto.

Idêntico processo de coisificação opera-se com o elemento humano. Dirigir homens é como rotular mercadorias, é manipular signos.

As organizações complexas "traduzem" o real numa linguagem simples, transcrevem os corpos em signos. Realizada a operação, o que sobrou do corpo original? Ele desaparece na nova representação. A organização toma como interlocutor o corpo que ela produziu; ela define, para nós, o emprego do tempo e do nosso corpo. No fim do processo, o corpo nada mais é do que um signo num conjunto de signos que formam as malhas organizacionais.

A organização apropria-se de nosso corpo de tal forma que qualquer ruptura aparece-nos como uma auto-ruptura. É aí que a adesão à organização encontra um de seus fundamentos; o corpo, que adere à organização visualizando a possibilidade de uma ruptura, reage com alta carga de ansiedade. Controladores e controlados, engajados no mesmo processo, participam de uma comunidade de destino: a organização da racionalidade.

A análise da violência e do sacrifício são inerentes à estrutura organizacional.

A organização realiza um processo concomitante: destruição e unificação. O homem dividido na execução de suas tarefas parceladas, isolado no seio da grande metrópole, é reagrupado no interior das imagens organizacionais.

---

paróquia ou ao bispo mediante exame escrito; 7) possuir boa caligrafia e sólidos fundamentos nas matemáticas; 8) membro de uma família de ilibada conduta moral e 9) contar com a aprovação do ministro da paróquia (sendo um fiel) antes de procurar autorização do bispo" (Tropp, 1957).

Conceito de taylorismo:
fisiologia do corpo dividido

A organização significa um combate contra a entropia. Mauss (s.d.) conta a história de um mito tsimshian onde uma princesa dá à luz uma *petite loutre* miraculosamente; dirige-se com a criança à cidade de seu pai, o chefe. Apresenta-a a todos e pede para não a matarem caso a reencontrem pescando na sua forma animal. Mas ela se *esqueceu* de convidar um chefe. O chefe e a tribo esquecida encontram no mar *petite loutre*, que tinha na boca uma grande foca, e matam-na. O grande chefe procura-a e encontra-a no seio da tribo esquecida. Seu chefe desculpa-se, pois não conhecia *petite loutre*. Sua mãe, a princesa, morre de melancolia e o chefe culpado involuntariamente encaminha ao grande chefe todos os tipos de presentes como expiação.

Os reis se esquecem de convidar outros chefes para seu casamento, os criminosos sempre deixam uma pista. Luta-se em todos os níveis contra a entropia: o mito tsimshian mostra que uma perturbação no sistema conduz à morte! É o que, em linguagem moderna, é a sabotagem, a pane que as organizações modernas tentam conjurar. O equilíbrio camufla o desequilíbrio.

As organizações mantêm-se pela transmissão de energia e sua conversão em trabalho, a reprodução da força de trabalho se dá em períodos de desequilíbrios sociais; por exemplo, nas migrações rurais–urbanas, em que multidões sem trabalho concentram-se na periferia das grandes cidades; ou em migrações operárias de países estagnados para áreas de "crescimento", como portugueses, espanhóis, argelianos, turcos na Europa. Como fonte de energia, o trabalhador é vítima do processo de dilapidações e desgastes, e a organização que canaliza sua energia integra-o no movimento de deslocamento e desintegração. Daí se verifica que a transformação de energia em trabalho só é possível através dos desequilíbrios provocados pelas organizações.

A eficiência do esquema centralizador é simbólica. Nesse sentido, cabe à organização a produção do que a diferencia perante o mundo. A sociedade consumista insere-se no campo da simulação diferencial. A organização unifica a produção, representação da diferença. A dramaturgia converte-se na finalidade principal das organizações: congressos, paradas, desfiles, delegações recebidas com grandes pompas, banquetes, publicidade intensiva. A organização produz o espetáculo. A distinção entre produção e representação desaparece. A organização deve produzir diferenças simbólicas ou extinguir-se.

Assim, o nazismo, pela representação de massas, desmoraliza os oposicionistas reais ou potenciais. Tanto o Tenessee Valley Authority, como as grandes obras do rio Denieper, não só justificam uma organização centralizada, como também criam condições para o lirismo organizacional.

A estrutura de pirâmide impõe sua ordem, a "eficiência nasce da hierarquia", seja a pirâmide familiar, política, educacional. A organização é o grande elemento mediador entre "eu" e o "outro". O medo do isolamento se dá na medida em que a estrutura piramidal tem os meios para assegurar o monopólio das relações entre os homens. A organização centralizada e unitária constitui o grande refúgio, ela "domestica" a energia sem direção: não é por acaso que as organizações mais "eficientes" são aquelas nas quais predomina um sexo só: por exemplo, a Igreja. Ela garante a vida de seus membros, nada é possível sem ela. A autonomia inexiste, só há o dilema: inserir-se na organização ou desaparecer. Por isso ela acentua a retórica da *integração*. O sindicato para Tannenbaum, a comunidade de Lloyd Warner e a corporação de Durkheim e Elton Mayo aparecem como os "possíveis integracionistas" num universo dividido.

Na realidade, a oposição segurança–insegurança, integração–exclusão é artificial. Assim, a revolução industrial *organiza* o novo modo de produção, ao mesmo tempo em que *divide* o homem num conjunto de tarefas parceladas.

Embora March e Simon argumentem que no bojo da teoria organizacional não há lugar para a coordenação, participam do delírio organizacional racionalista que não quer enxergar as organizações como instâncias do imaginário também. A direção exclui, como os padres sacrificam. O centro funciona como um dado que deve ser "escotimizado" – também na teoria dos sistemas isso se dá. No entanto, constitui-se em peça fundamental.

A organização burocrática complexa não explicita a necessidade do "centro" mas o não-necessário se institui como pivô da organização. Tal "estranheza" faz parte também de uma certa concepção burocrática de socialismo, em que o Estado deva desaparecer progressivamente, e, no entanto, ele domina em toda a sua amplitude! O poder é apreendido como um escândalo. A coordenação se apropria do espaço reservado ao fantasma piramidal. As relações instituídas apresentam uma sucessão de níveis hierárquicos em que cabe ao superior uma zona reservada e o subalterno não pode entrar.

O pai que é proprietário do corpo da mulher, interdito aos filhos, o senhor feudal que se apropria da terra, o professor que dispõe soberanamente de um campo dos conhecimentos. O usufruto dessa situação pressupõe a aceitação do papel de pai, proprietário, chefe, professor. Da mesma maneira que o senhor exercia poder absoluto sobre suas terras, os detentores da informação instalam um domínio confortável, como "na Régie Renault, com a introdução de uma nova máquina, só o contramestre pode compreender o funcionamento" (D'Mothe, *Militant chez Renault*, Cevil, p.10).

O sistema cultural assiste à ruptura entre a palavra sagrada e a profana. Não é mais Deus que dispõe do monopólio do verbo nem a Igreja de sua interpretação. A ciência ocupa hoje o lugar do Verbo Divino. A casta dos cientistas substituiu a hierarquia eclesiástica como elemento mediador entre a palavra superior e a coletividade humana.[9]

O antagonismo "puro" e "impuro" encontra-se entre os chamados trabalhos "sujos" e "limpos", como nas relações entre trabalho "manual" e "intelectual". A organização, através de seus psicólogos industriais, afirma a possibilidade de vencer a impureza. Os esgotos podem ser transformados em matéria sã. A guerra "limpa" tecnologicamente definida coexiste com a "suja", rústica. A eficiência da impureza consiste na delimitação das áreas do proibido. Os impuros são intocáveis, só podem ser destruídos. O nazismo significou a dominação totalitária dos puros sobre os impuros. Nas organizações altamente burocratizadas, instituições totais, o impuro é segregado por obstáculos como muros altos, florestas, portas de ferro, como o demonstrou Goffman.

Os contatos com o exterior são monopolizados pela direção. O subalterno não tem contatos com os circuitos externos da empresa; só os responsáveis podem manter tais relacionamentos. Caso haja qualquer caso de espionagem industrial, os subalternos têm menor chance de sair-se bem que os elementos de *staff* privilegiados por seus contatos com o exterior, que amplia as possibilidades de manobras dos mesmos.

Na medida em que a organização burocrática delimita as zonas de impureza interna e externa, ela se assegura uma certa dinâmica energética. O funcionamento é assegurado – como em algumas organizações políticas – pela luta contra os sabotadores do interior e os inimigos do exterior. A empresa só evolui na luta contra as disfunções do mercado. Haverá relação entre o domínio

---

9 "O uso contínuo do conceito do dom ou dotes intelectuais constitui um pretexto para desviar o discurso das causas sociais das menores possibilidades de instrução que têm na Alemanha os filhos de operários, remontando-as a pretensas *causas naturais*" (Dahrendorf, 1965, p.29).

Sobre educação, política e sindicalismo

do impuro pelas organizações e o grau de sua eficiência? O nazismo, que definia como fim explícito reduzir as raças impuras, constrói organizações burocraticamente estruturadas para atingir tais objetivos: SA, SS, KL. No entanto, o quotidiano mostra uma constante preocupação em julgar o impuro. A impureza constitui o centro do discurso das organizações industriais. É um dos temas favoritos da manipulação publicitária. Não há nenhum anúncio de detergentes que não avalize suas qualidades na cruzada contra o impuro. O bom funcionamento organizacional implica *depuração* periódica.

Paralelamente a esse processo, instaura-se o processo da construção de um imaginário, por mediação da organização, em direção a seus clientes. O campo publicitário organizacional apresenta um universo em que a organização constitui-se como "prestação de serviços" e para a qual o "cliente" tem sempre razão e manda. A organização é atenciosa e asséptica, benevolente com os caprichos da clientela. O desejo se constitui em elemento fundante da conduta do cliente. Nada lhe é recusado, tudo é permitido; ele pode satisfazer-se na sua imediatez e plenitude. Ela substitui o espetáculo do lucro pelo da *gratuidade*. Para tal constitui uma área onde o *dono* tem cidadania, pequenos bônus anexos às mercadorias, que possuem uma importância básica na definição da *marca*.

As adaptações ao mercado, inerentes às organizações lucrativas, se dão ao lado de um processo de regeneração das mercadorias e serviços propostos à clientela. Quanto à mão-de-obra, o termo "participação" parece ter virtudes suficientes para ancorá-la à organização com muito mais firmeza que o servo à gleba![10]

---

10 A insensibilidade ante a desigualdade social e seu papel no comportamento do aluno constitui também característica do ensino nos países desenvolvidos. Veja-se H. Ulibarri, "Teacher awareness of sociocultural differences in multicultural classrooms", in Keach (1967, p.139-44).

A vida só é possível no processo organizacional. O imaginário enquadrado pela organização transforma-se num rutilante apelo burocrático, com todo o *pathos* de um ofício de repartição pública, imaginam os Sófocles amanuenses.

O fato é que a mão-de-obra sai da empresa para entrar no sindicato burocratizado, ou freqüenta a Igreja ou freqüenta um partido, os dois estruturados em forma de pirâmide, com níveis de *staff* e linha, com regras rígidas interpretadas *legitimamente* por outros elementos treinados nesse mister, dispondo dos títulos reconhecidos. Em suma, o ritmo vital é regulado pela escola, exército, empresa, hospital, agência de viagens e, finalmente, o asilo.

Nas instituições totais é um mesmo grupo de co-participantes que controla tudo sob a mesma autoridade, conforme um plano racional geral, seja ele elaborado pelo *staff* do presídio, do manicômio, do convento ou do colégio interno.

Nessas instituições, há o grupo maior cuja atividade fica confinada aos limites da organização total, e o pessoal de *staff,* que mantém horário de oito horas de trabalho e contatos com o exterior. São características as barreiras "interno" e *staff,* com estereótipos concomitantemente negativos ou agressivos em relação ao "outro". Há um grande hiato entre eles, grande distância social.

Enquanto o operário recebe um salário e tem a liberdade de gastá-lo em qualquer ambiente, o mesmo não se dá com o interno das instituições totais que assumem a "responsabilidade" por ele e exigem algum ou pouco trabalho. Geralmente, está incorporado a sistemas de pequenos pagamentos cerimoniosos como, por exemplo, a ração semanal de fumo ou presentes de Natal que motivam os doentes mentais a continuarem em suas ocupações. Em algumas prisões, navios, campos de cortes de árvores, é possível alguma poupança "forçada"; o indivíduo recebe o que lhe é devido após cumprir a pena.

As instituições totais desenvolvem mecanismo de *despojamento e mortificação* do "ego": decisões autônomas são eliminadas mediante a programação coletiva das atividades diárias.

Sobre educação, política e sindicalismo

A estrutura de autoridade é *escalar*, ela articula-se com o aspecto informal definido como *regras do local* que definem formalmente níveis de proibições. Em troca, o *staff* oferece *recompensas* e *privilégios*, que se constituem em modos peculiares às instituições totais. Receber visitas, fumar um cigarro, o dia de folga – sua negação por qualquer transgressão cometida aos regulamentos assume um aspecto vital no quotidiano do interno da instituição total.

No entanto, nas instituições totais é possível que se dê esse processo: os guardas não comunicam infrações aos regulamentos, transmitem informações proibidas aos presidiários, negligenciam as exigências elementares de segurança e se aliam aos presidiários em críticas francas aos funcionários da alta burocracia. Muitos podem ter em si uma ambivalência básica em relação aos detentos sob sua guarda: embora condenados, muitos criminosos representam "sucesso", em termos de um sistema mundano de valores (alto prestígio, notoriedade e riqueza), e o guarda mal remunerado poderá sentir prazer em associar-se a alguém tão "famoso".

Pode dar-se a corrupção pela instituição total através da reciprocidade no caso em que o controle da docilidade do presidiário resida menos nas sanções negativas, o que representa encargos para a administração da prisão, que na consecução de certo nível de cooperação voluntária do presidiário. Em troca, infrações secundárias aos regulamentos são ignoradas.

Conclusões

No interior do sistema social, as instituições educacionais e seus sacerdotes, os professores, desenvolvem um trabalho contínuo e sutil para a conservação da estrutura de poder e, em geral, da desigualdade social existente. Duas são as principais funções conservadoras atribuídas à escola e aos professores: a exclusão do sistema de ensino dos alunos das classes sociais inferiores e a que definimos como socialização à subordinação, isto é, a transmissão ao jovem de valores compatíveis com o seu futuro papel de subordinado.

Examinemos a primeira conclusão. Uma frase repetida continuamente pelos sociólogos liberais é que a escola constitui o mais importante canal de ascensão social. Tal proposição é exata na medida em que "a atribuição da posição social de hoje é cada vez mais ligada ao sistema de escolaridade". Mas é errada e mistificadora, se entender-se que a escola favoreça ou promova a mobilidade social. Eis que há fortíssimos obstáculos que impedem a "inteligência" e a "capacidade" de manifestar-se, privilegiando mais a cumplicidade com o sistema como critério de ascensão social.

É importante lembrarmos que a família conserva grande parte de sua importância como base inicial da seleção social dos indivíduos; ela transmite ao herdeiro, ao filho, não somente o capital financeiro, mas também o capital cultural. Esse capital cultural tem sua legitimidade definida através dos títulos escolares.

O importante é que se desenvolve num sistema de ensino pré-universitário unificado, onde o sistema escolar convence o aluno de origem popular de que é necessário competir para atingir altos escalões, e de que "seu destino social depende antes de mais nada de sua natureza individual" (Bourdieu, 1966, p.342). Paralelamente a escola desenvolve o processo de "socialização", ou seja, da aceitação do existente como o desejável. A dificuldade do corpo professoral em adaptar-se às mudanças socioculturais pode implicar a sua visualização não como um corpo que reproduz valores dominantes, mas sim defensor de um patrimônio valorativo superado, qual seja, de vestal da classe média.

Referências bibliográficas

BENJAMIN, R. *L'univers des instituteurs*. Paris: Minuit, 1964.

BOTAI, G. *La carta della scuola*. Milano: Mandadori, 1941.

BOURDIEU, P. L'école conservatrice. *Revue Française de Sociologie*, v.7, p.325-47, 1966.

DAHRENDORF, R. *Arbeiterkinder an deutschen Universitäten*. Tübingen: F. C. B. Mohr, 1965.

ESTABLET. *L'école capitaliste en France*. Paris: Maspero, 1971.

FERRER, F. *La escuela moderna*. Montevidéu: Solidariedad, 1960.

GOFFMAN, E. *Presídios, manicômicos e conventos*. São Paulo: Perspectiva, s.d.

KEACH, E. T. *Education and social crisis*. New York: J. Wiley, 1967.

LOBROT, M. *A pedagogia institucional*. Lisboa: Iniciativas Editoriais, 1966.

MARCELO, D. *Le vestali della classe media*. Bologna: Il Mulino, 1972.

MAUSS, M. *Oeuvres*. Paris: PUF, s.d. v.1, 2, 3.

_____. *Sociologie et anthropologie*. Paris: PUF, s.d.

SCHEFER, G. *Das Geselleschaftsbild des Gymnasiallehrers*. Frankfurt am Main: Suhrkamp, 1969.

SCHUH, E. *Der Volksschullehrer Storfakto en in Berufsleber und ihre Ruckwiekung auf die Einstellung in Beruf*. Berlim: H. Schrodel Verlag, 1962.

THOMPSON, V. *As modernas organizações*. Ed. F. Bastos, s.d.

TRAGTENBERG, M. *Burocracia e ideologia*. São Paulo: Ática, 1992.

TROPP, A. *The school teacher*. London: Heinemann, 1957.

4
Aplicação das teorias de Weber, Selznick e Lobrot à educação*

A teoria administrativa não é inocente, é anti-sindical, foi uma resposta patronal à organização da mão-de-obra. As teorias administrativas de Taylor, Fayol e Mayo mostram isso. Administrar acima de tudo no Brasil é vigiar e punir. Administração acima de tudo é PODER. Como qualquer poder, o poder burocrático tende à expansão. A universidade é uma instituição dominante, além disso, ligada à dominação. Até hoje, a universidade brasileira formou assessores de tiranos, é o antipovo. Criada para produzir conhecimento, ela se preocupa mais em controlá-lo. A dominação que passa pela relação professor/aluno aparece através do sistema de exames. A universidade acima de tudo faz exames, é o coroamento burocrático do saber. A pedagogia burocrática se define pela valorização das aulas magisteriais, avaliação regida através do sistema de notas e troca de

---

* Texto apresentado no Seminário de Reitores, realizado em João Pessoa, em 1978.

informações entre professores sobre alunos. Isso mostra uma pedagogia repressiva.

São basicamente esses itens que constituem a aplicação das teorias de Weber sobre burocracia aplicada à educação.

Selznick tem alguns princípios gerais aplicáveis à universidade. Assim o conceito de "cooptação", que consiste numa escolha por via informal e arbitrária.

Max Weber pertence à linhagem de pensadores políticos que se preocuparam com a burocracia enquanto dominação. Pertence a uma linhagem de pensadores políticos que se origina com Hegel e Marx. Aplicando as teses de Max Weber sobre a burocracia como poder exercido mediante um quadro administrativo se constituindo como dominação, salientamos os aspectos seguintes:

- A universidade não só é uma instituição dominante na estrutura atual, como *instituição de dominação*.
- A universidade legitima sua existência pela produção de conhecimentos e pela transmissão dos mesmos.

Na realidade, a ênfase da burocratização na universidade se dá:

a) pelo *controle* sobre o conhecimento;
b) por substituir sua *produção* e criar um agente burocrático especializado pela transmissão do mesmo: o professor.

A universidade viabiliza seu poder sobre os dominados (os alunos) mediante o *sistema* de *exames*. Nenhuma reforma universitária digna desse nome tem concreção se não partir da abolição do sistema de exames (o batismo burocrático do saber).

O sistema de exames faz parte de uma *pedagogia burocrática* no sentido weberiano, que se converte em uma pedagogia repressiva na medida em que o aluno é submetido a:

a) avaliações rígidas pelo sistema de notas;
b) valorização da aula magistral (reconvertida a *aula magna* por uma reforma universitária);
c) troca de informações entre professores a respeito de alunos.

A ênfase na *carreira* docente na universidade a pretexto de melhor qualificação docente e estímulo ao ensino na realidade é um instrumento de disciplinação da mão-de-obra, que converte a universidade em uma instituição basicamente disciplinar. Na medida em que a universidade não forma a mão-de-obra demandada pelo sistema, singulariza-se como aparelho ideológico de inculcação de:

a) tipo de saber operacional e acrítico ("positivo");
b) formas de sentir e agir conforme a "racionalidade" exigida pelo poder;
c) disciplina, pontualidade e discrição do aluno, futuro docente na burocracia acadêmica, ou executivo na burocracia empresarial, soldado na burocracia militar ou clérigo na burocracia eclesiástica.

A contribuição de Selznick à teoria da administração na sua aplicação se dá:

a) pelo conceito de *cooptação*;
b) pela conversão dos meios em fins e pelo deslocamento dos fins na burocracia;
c) pela tendência da burocracia em multiplicar tarefas, cargos e departamentos como sua razão de ser.

A figura da *cooptação* aparece na universidade de forma aberta quando o recrutamento de professores e funcionários se dá por relações pessoais e afinidades emocionais. A forma da *cooptação* dissimulada aparece pelo sistema de concursos, que a realizam obedecendo a todos os critérios formais burocráticos, porém o vencedor já está escolhido *a priori*.

A conversão de meios em fins e o esquecimento dos fins dão-se quando a burocracia universitária, existente para agilizar processos administrativos e criar condições para a criação e transmissão do saber, a pretexto de zelar pelos mesmos, converte-se no maior obstáculo à sua produção e reprodução, submetendo o saber a esquemas burocráticos rígidos. O sem-número de relatórios que o pesquisador precisa preencher ante a *burocracia controladora* para justificar recursos utilizados, a figura de culpável ante a burocracia, ele precisa *provar* sua culpa inicial, que lhe é imputada pela burocracia; em outros termos, ele necessita sair do *estado de suspeição* que se colocara ao acertar determinados recursos para pesquisa.

A atividade burocrática de meio fica no fim, e o fim da universidade, que é a produção de um saber, é esquecido.

O deslocamento dos fins a que alude Selznick na estrutura burocrática dá-se quando a *burocracia vê em si um fim definido*. Ela cria cargos, departamentos, tendo em vista mais a reprodução de seu poder do que servir à *pesquisa* e ao *ensino*. A multiplicação de cargos e funções gratificadas ficam sendo a *razão de ser da burocracia*.

Como a carreira significa o controle da docilidade da mãode-obra, os fins pedagógicos científicos são esquecidos e os meios tornam-se fins, ou seja, a maior preocupação dos burocratas e mestres é a auto-sustentação nos cargos como fim em si mesmo.

A contribuição da análise de Crozier para a compreensão da universidade se dá na ênfase que ele atribui às estruturas burocráticas que:

a) criam regras impessoais que freiam o desenvolvimento e a criatividade;
b) criam centros de decisão centralizados que levam à rigidez organizacional.

Um exemplo é o INPS, onde se necessita de 200 despachos para criar um (1) posto. Daí Crozier identificar a burocracia a um colapso.

Em suma, a universidade enquanto organização complexa não é uma "fábrica de consenso", o reino da "harmonia"; é o espaço onde se explora trabalho humano; onde se dá a *contradição* entre os poucos que planejam e os *muitos* que executam.

Seu esclerosamento em organização burocrática se dá na razão direta da existência de:

Sobre educação, política e sindicalismo

1 uma estrutura administrativa hierárquica;
2 um sistema de cargos definindo níveis de poder;
3 decisões centralizadas que impedem a participação da base, levando à apatia de muitos e a instituição a tornar-se "propriedade" da burocracia.

A universidade se esclerosa na burocratização na medida em que não há participação do aluno, professor e funcionário nas decisões básicas. Isso leva a baixar o nível de motivação no aluno ao receber conhecimentos, no professor em transmiti-los e no funcionário em executar suas funções.

A irresponsabilidade coletiva predomina à medida que, quanto maior o cargo, menos exigência formal para seu preenchimento, criando o regime da incompetência treinada. Para bedel, provas de português e aritmética; para pró-reitor, basta a cooptação, uma vez que é cargo de confiança.

A administração no estágio atual significa "vigiar e punir", ou comandar, dirigir e organizar monocraticamente a pedagogia burocrática universitária na sua ênfase no sistema de exames, cumprimento rígido de programa com objetivos comportamentais; realiza a passagem da burocracia como poder de Weber para a burocracia onde se realiza a "loucura com método" (*Hamlet*, de Shakespeare).

Mas a mesma realidade que cria a burocracia cria a oposição à mesma; eis por que a contribuição de Lobrot é fundamental.

Lobrot institui o conceito de uma autogestão pedagógica partindo da idéia central de que a aprendizagem significativa se dá por meio de um interesse real.

A autogestão pedagógica tem como centro não o programa, o professor, a instituição, mas o *aluno*.

Ela é orientada ao atendimento às motivações do aluno, daí sua disponibilidade à aprendizagem significativa. O mesmo se dá com o professor: de "máquina programada", ele passa a gerir com o aluno o programa.

5
Universidade e hegemonia*

A educação, como a religião e o direito, não tem uma história à parte; constitui-se em parte integrante do todo social, captado por suas determinações econômico-sociais. O importante é reter que a forma assumida pelo processo de trabalho determina as características e o significado da educação. À medida que, com a manufatura, as operações no processo de trabalho são cada vez mais subdivididas, as subdivisões isoladas se constituem em função de um trabalhador, o conjunto de funções e operações constitui o trabalhador coletivo, formado por muitos trabalhadores parciais. Com isso reduz-se o tempo requerido para formação do trabalhador individual e a aprendizagem é limitada a um número de operações. Há um deslocamento do conhecimento do trabalhador individual ao coletivo e deste ao capital, que culmina com a indústria moderna, na qual a ciência aparece como força

---

* Publicado na *Folha de S.Paulo*, São Paulo. s.d.

independente do trabalho e a serviço do capital. A qualificação para o trabalho passa a ser controlada por este. Na medida em que o capital detém o conhecimento, ele funda uma distribuição diferencial de saber que legitima a existente na esfera do poder. Constituindo-se em qualificações genéricas, a força de trabalho pode ser formada fora do processo produtivo: na escola.

Predominando formas pré-capitalistas de trabalho, a exigência de qualificação formal do trabalhador é inexistente; predominando o capitalismo, nas chamadas funções de supervisão exige-se diploma universitário. Aí se coloca a função intelectual: não só produzir mesmo no plano simbólico, como também conduzir a direção moral e intelectual da sociedade de classes, legitimando com seu saber o poder existente e sua distribuição desigual.

O intelectual age como "agente comissionado" do poder, uma vez que estende a disciplinação da mão-de-obra da fábrica à sociedade global, assegurando a viabilidade da dominação que não se dá somente pelo exercício da força – pela "inculcação" de padrões de "disciplina", "retidão", "pontualidade", que a reprodução do capital exige.

A isso liga-se o processo de industrialização e burocratização concomitantes. Se na primeira fase da industrialização o trabalho era a base (1880), na segunda fase (1950) a máquina irá substituí-lo; é a passagem da "questão social como caso de polícia" para a "questão social assunto de Estado". A intervenção do Estado na economia, desde 1906, com o Convênio de Taubaté, até a criação dos célebres institutos e bancos estatais do Estado Novo e sua proliferação posterior sob os diversos governos "democráticos", significará alargamento maior do âmbito de emprego para a burocracia e o pessoal diplomado, com diplomas de 2º e 3º graus. Aí é que surge o reconhecimento da escola como fator de definição da força de trabalho individual, com base na idéia de que aqueles que atravessam os cursos escolares e chegam ao diploma final são os "melhores", os "herdeiros" da cultura, com legitimidade para o exercício do poder sobre a maioria da mão-de-

Sobre educação, política e sindicalismo

obra, ainda semiqualificada. Enquanto isso a mão-de-obra se vê impedida de auto-organizar-se pelo sindicalismo vertical dominado pela burocracia estatal que reorganiza as classes a seu talante, sindicalizando patrões e operários sob tutela estatal. O Estado impõe ao povo um padrão desmobilizador e autoritário, expulsa o populismo e o trabalhismo, na medida em que este pressuponha a presença política dos sindicatos. Não só os sindicatos, como também os partidos políticos, estão sujeitos à tutela burocrático-estatal. A crise dos anos 60, com a contestação estudantil, de setores da Igreja e operário-camponesa, é resolvida pela exclusão das classes subalternas na participação dos processos decisórios. Aí a educação irá funcionar como o grande mecanismo de exclusão, a escola irá realizar e garantir a hegemonia dos setores dominantes, uma vez que dela estão excluídas as grandes massas rurais e ponderáveis massas urbanas. O sistema educacional nacional, operando por exclusão que atinge grande parte da população, é um dos aparelhos de hegemonia dos setores dominantes operando em relação ao povo não pelo "fazer falar", mas pelo "fazer calar".

Nesse sistema insere-se a universidade. Ela é a porta que dá acesso ao desempenho às funções hegemônicas, obedecendo ao processo de industrialização, em que a alta densidade tecnológica implica funções de supervisão exercidas por "acadêmicos". Ao definir uma distribuição diferencial de saber, ela reproduz a distribuição diferencial do poder econômico e político, perpetuando, através da "cultura da desconversa", o ensino do irrelevante, que leva à exclusão de grandes massas de estudantes pelo desinteresse que os cursos apresentam, assim realizando as funções de hegemonia dos setores dominantes. Dessa forma, transforma a dominação de fato em dominação de direito, a desigualdade social em natural.

Como o Estado converte a universidade na reprodutora de seus ditames? É através da manutenção da produção intelectual nos limites da comunidade acadêmica, isolada da totalidade do social nos melancólicos *campi* universitários deste desinfeliz país. Mais do que isso. O Estado realiza a "conversão" de cursos que surgiram inicialmente vinculados à prática social (cursos de Ciências Sociais) em meros e raquíticos esqueletos: Estudos Sociais. Não bastasse isso, mediante a regulamentação rígida da pós-graduação num modelo único, opera o desvio dos melhores professores da graduação, confisca a pesquisa do nível de graduado passando para o pós. O curso de pós fica reduzido a ser pós-de-coisa-alguma. Pela implantação de Estudos Sociais e conseqüente esvaziamento dos cursos de Filosofia, História, Geografia e Ciências Sociais, o Estado reproduz as relações sociais dominantes, usando instrumentos burocráticos: o poder que a legislação lhe confere. A universidade, controlada em sua função pedagógica pela burocracia, tendo sua função de pesquisa redefinida fora de seu meio, através das agências de financiamento nacionais e internacionais, é "domesticada". Reduz-se à criação de mão-de-obra "superior" requerida pelo sistema, sem mais nada, sem fantasia. Uma vez que o Estado irá definir o que seja hierarquia, eficiência e especialização universitárias direta ou indiretamente pelas agências financiadoras, converte a ciência num pressuposto do capital, no qual a eficácia da ideologia do poder burocrático se constituirá no principal meio de reprodução.

Com a industrialização operam-se rupturas; na fábrica, entre quem detém o "saber" e manda e aquele que se caracteriza pelo não-saber (o operário, que cumpre funções que o próprio capital simplifica); na área do Estado, entre dirigentes e súditos que têm o direito ao pagamento dos impostos; nas universidades, de um lado o corpo docente, de outro o corpo discente, mediados pela burocracia acadêmica. Na medida em que essa separação é mantida, a instituição – fábrica ou Estado – cumpre sua função de hegemonia, e as classes subalternas aprendem a "aceitar" o real imediato como o desejável.

No plano universitário, uma exceção houve: foi a implantação da Universidade de Brasília por Darci Ribeiro. Correspondia

Sobre educação, política e sindicalismo

ela ao máximo de consciência possível dos setores dominantes na época. Após 68, dá-se seu esvaziamento; do projeto inicial resta a ossatura, mantida em nível administrativo, que é reproduzida por várias universidades de nível federal. O conteúdo crítico ficara "em conserva". A reforma de 68 irá preocupar-se com uma universidade instrumental, fundada na "eficiência e produtividade". Ela consolidará estruturalmente o poder burocrático que limitará a ação professoral aos parâmetros "permissíveis". É uma reforma que na realidade se traduz por uma restauração. Os mortos governam os vivos, dizia Comte; a isso agregamos: enquanto eles se deixam dominar, enquanto não emergem forças sociais que coloquem em xeque a universidade como aparelho de hegemonia, operando a dissociação entre o poder da razão e a razão do poder. Isso depende da capacidade de auto-organização das classes subalternas e sua capacidade de pressão, de intelectuais "críticos" ocupando espaços dos "domesticados".

6
A democratização e a representação discente*

Está na ordem do dia a democratização da universidade através da participação de suas três instâncias – professores, estudantes e funcionários – cada uma com 1/3 de votos. A reformulação do âmbito de representação de setores da comunidade acadêmica com a passagem de 1/10 a 1/3 da representação caminha paralela ao desgaste do atual regime político-militar que, através de uma auto-reformulação, procura manter-se. Daí a reformulação partidária governamental no estilo mexicano; criam-se várias possibilidades de existência de partidos, porém só um terá condições de manter-se logicamente: o governamental.

No caso da universidade, não nos parece ter o governo da "abertura" – que o digam os metalúrgicos de São Bernardo – um plano acabado. No entanto, isso não exclui a possibilidade de a ditadura redefinir os órgãos de representação estudantil, nos quadros de sua estratégia mais ampla. Porém, é muito claro que

---

* Publicado na *Folha de S.Paulo*, São Paulo, 4 maio 1980.

a participação estudantil será forjada por meio do processo de auto-organização dos estudantes.

Somente o processo de organização da camada estudantil poderá superar a inoperância dos órgãos representativos criados pelo despotismo: criação de Diretórios Acadêmicos em substituição aos antigos Centros Acadêmicos, criação de Diretórios Centrais de Estudantes tão atrelados ao Estado quanto os servos à gleba no Egito Antigo.

De concreto, o que ganharam os estudantes? A representação de 1/10 nos órgãos colegiados da universidade, e em condições especialíssimas: a burocracia pode vetar nomes de estudantes ao exigir que candidatos tenham média de aproveitamento escolar, nenhuma repetência e nenhuma sanção disciplinar anterior. Para assegurar-se do comparecimento "massivo" do estudantado às eleições, a burocracia conserva o número total de votantes em segredo e, coroando a prática "democrática" da eleição, não há exigência de *quorum* mínimo para alguém concorrer como representante dos alunos. Um cidadão pode auto-eleger-se como representante sem desdouro à prática democrática.

Tal processo eleitoral nada mais realizava do que a integração do estudantado na máquina estatal-burocrática, integrando-os pretensamente à comunidade. Daí o discurso oficial, obscurecendo as contradições inerentes à universidade, procurar definir um falso consenso no qual a figura do Diretório Acadêmico "garante a participação dos estudantes na resolução dos problemas enfrentados pela escola ou universidade, como um todo".

É a realização da organização corporativista, na qual as diferentes correntes de interesse são articuladas e legitimadas através do *diktat* estatal-burocrático, que na realidade realiza uma "cooptação" com o nome de "eleição".

Como é possível lutar pela democratização da universidade sem mudar a forma de representação das várias categorias docentes, democratizando a representação estudantil de 1/10 para 1/3? Papel básico na luta pela democratização da universidade cabe não só às Associações de Docentes Universitários, como também a todas as organizações estudantis em nível de institutos, universidade, que, desatreladas da burocracia estatal, "tomem a palavra".

Um passo no caminho da democratização seria termos no âmbito das universidades do Estado a institucionalização do controle exercido por uma representação que integre os três setores da instituição (estudantes, funcionários e professores). Daí a omissão na votação dos futuros representantes discentes ao Conselho Universitário não apontar perspectiva positiva nenhuma, levando ao imobilismo.

Vitoriosa ou não a iniciativa, a simples estruturação de uma chapa que propõe 1/3 de representação e mobilize uma participação democrática, demonstrando o nível de superação de uma estrutura autocrática, representará um elemento fundamental na luta pela democratização do ensino superior brasileiro.

Eis que nos parece limitada a luta pela simples suplementação de verbas, sem que o controle sobre as mesmas seja exercido por legítimos representantes da comunidade acadêmica. Quem sabe se a exigência de prestação de contas da burocracia universitária à comunidade acadêmica das verbas estatais que manipula não possa constituir-se na contribuição universitária à luta contra a corrupção administrativa praticada pela alta burocracia que, como toda tirania, foge à publicidade de seus atos.

7
Etapa crítica dos estudantes*

Nessa crise de hegemonia por que atravessa o país, onde nenhuma fração da classe dominante consegue impor-se, dá-se a organização dos subordinados – operários nas fábricas e estudantes nas escolas. Porém, o movimento estudantil, pelo visto, também atravessa uma etapa crítica. Assim, na luta contra o ensino pago, tema central do recente Congresso da União Estadual dos Estudantes de São Paulo, não houve discussão aprofundada nas bases (nas escolas); treze escolas tiveram seus delegados impugnados pelo Conselho de Entidades Estudantis, por terem sido escolhidos por processos extremamente precários, com reduzida participação dos estudantes nessas escolas: as urnas registraram um comparecimento de menos de 10%. Alie-se que as disputas políticas entre os grupos que participam do movimento estudantil ocupam o primeiro plano nas entidades e assembléias.

---

* Publicado na *Folha de S.Paulo*, São Paulo, 4 jul. 1980.

São questões que não passam pelos problemas concretos que o estudante tem a enfrentar: baixo nível médio de ensino, aumento abusivo de anuidades e as sobretaxas sufocando a classe média.

Daí, tirou-se em nível de União Estadual dos Estudantes (UEE) o boicote unificado às taxas nas escolas públicas e aos aumentos superiores a 35% nas particulares. Isso tudo sugere reflexão. Na medida em que o movimento estudantil é parte da sociedade global em movimento, diferenciada em classes e propostas ideológicas, ele tende a refletir em seu seio essa pluralidade de propostas político-sociais. Porém, o autoritarismo estatal faz-se sentir sobre os "dominados" quando eles o internalizam, quando se revelam incapazes em aceitar o dissenso, quando se esquivam do contraditório na discussão; em suma, quando revelam despreparo a uma prática democrática, alardeada nos discursos e abolida na prática real. Outro óbice à maturidade do movimento estudantil consiste na prática de acusações infundadas e no sectarismo das facções, que anula os melhores esforços de unificação. Eis que telegramas de solidariedade à Nicarágua, contra o Acordo Nuclear Brasil-Alemanha, não eximem a urgência de a organização dos estudantes ter como raiz cada unidade escolar. Nenhuma manobra propagandística pode substituir a organização pelas bases, do contrário teríamos muita vanguarda sem retaguarda, muito cacique e pouquíssimos índios.

No caso específico, escola pública ou privada como oposições indestrutíveis parece-me uma questão mal colocada. Concordamos com Saviani quando mostra a articulação entre o ensino particular de 2º grau com o ensino público de 3º grau e o ensino público de 2º grau articulado ao ensino particular de 1º grau. Tanto são aparelhos ideológicos do Estado as escolas que pertencem ao mesmo como as particulares. Eis que o Estado não é neutro. A estatização da educação não se constitui em solução, na medida em que o Estado, por sua função numa sociedade diferenciada em classes, se constitui em instrumento da produção e reprodução da mão-de-obra destinada à "realização", a agilizar a formação do capital como fruto do trabalho acumulado. Parece-me que o problema está colocado em outro lugar: trata-se de pleitear, como reivindicação, maiores verbas do Estado para a educação, não elidindo sua responsabilidade "social". Porém, é inútil lutar por mais verbas estatais para a educação sem lutar pela organização do povo e do estudante, a fim de controlar esse processo. Sem 1/3 de representação para professores, alunos e funcionários nas universidades, é impossível controle dos recursos a ela destinados.

Ao mesmo tempo, a luta pelo controle dos recursos por parte da comunidade acadêmica será limitada se não estiver ligada a um esforço profundo da mesma em superar a oposição entre a cultura erudita e a popular. Enquanto persistir tal separação, falar em povo na universidade não passa de mero jogo de retórica, idêntico ao dos políticos caçadores de votos em época de greves operárias, que têm a "síndrome de massa", incapazes de acorrer a uma concentração operária sem esperar "faturá-la" para seu "curral eleitoral".

8
Exorcismo aplicado no combate à UNE*

A demolição da sede da UNE, sua impugnação pelo juiz carioca Aarão Reis de revólver em punho e a anulação da mesma pelo Tribunal Federal de Recursos confirmam uma evidência: o Estado pretende exorcizar o "grande inimigo", a UNE, através da demolição de sua sede, símbolo material da danação, aos olhos estatal-burocráticos.

Porém, o processo real é mais forte do que a fantasia dos burocratas. É indiscutível que a organização da sociedade civil passa pelo estatuto de cidadania conferido ao movimento estudantil, da mesma forma que o movimento operário já não pode ser considerado apenas "um caso de polícia" e sim um assunto de Estado. O mesmo ocorre com o movimento estudantil.

Nas sociedades capitalistas, a organização estudantil ganha cidadania na medida em que é parte da mobilização geral das

---

* Publicado na *Folha de S.Paulo*, São Paulo, 29 jun. 1980.

camadas sociais, que, mediante sua auto-organização, pretendem "tomar a palavra". Nesse sentido, o movimento estudantil é essencialmente político e, embora não seja obrigatoriamente partidário, implica a existência de uma pressão organizada em relação aos detentores do poder econômico, social e político, tendo em vista não só reivindicações corporativas (lutas contra a sobretaxa, aumento de anuidades e mais verbas para a educação por parte do Estado), como também a manutenção e ampliação das liberdades básicas, de associação, pensamento e participação social e política. Em suma, a luta pelos direitos humanos, sem os quais nenhuma sociedade pode subsistir.

Demolir a sede da UNE significa uma mera operação de exorcismo, a destruição "simbólica" do "inimigo" por meio da "negação" de sua sede.

Porém, o movimento real caminha no sentido da unificação nacional dos estudantes, e isso é impossível demolir. Da mesma maneira que, mais cedo ou mais tarde, a Central Única dos Trabalhadores se imporá pela lógica do próprio processo de desenvolvimento capitalista, a central única estudantil se dá obedecendo aos mesmos parâmetros.

Atrás do processo de demolição da sede da UNE ocorre algo mais profundo: trata-se de castrar a possibilidade da emergência de novas lideranças políticas, pois é sabido que o movimento estudantil, em qualquer país medianamente civilizado, se constituiu em celeiro de futuros líderes políticos e é isso que se quer matar no nascedouro. À burocracia dominante interessam a produção e a reprodução não de lideranças, mas de chefias de "carcomidos" – como se chamavam na República Velha os opositores da revolução de 30 –, de áulicos dóceis ao Poder Central, que, assumindo bionicamente ou eletivamente seus cargos através dos currais eleitorais do PDS, se constituam num Parlamento cuja função é sancionar burocraticamente o *diktat* do Executivo. Em suma, meros carimbadores de papel tolerados pela burocracia dominante.

Sobre educação, política e sindicalismo

Há a acrescentar a isso que o atual processo de "abertura relativa" nega o direito de cidadania aos operários do ABC por meio da regulamentação do direito de greve que praticamente a impossibilita – veja-se a greve legal da TV Tupi. Através do recurso às "salvaguardas" contra deputados e profissionais da imprensa, delimita-se o "espaço permissível" da prática democrática. O estudante aparece como "um fora-da-lei"; eis que a UNE é "morta" pelos donos do poder através de seu "não-reconhecimento". Em suma, o poder mata psicanaliticamente o "inimigo" negando sua "existência", seja através do não-reconhecimento da entidade ou da demolição de seu símbolo material, sua sede. Porém, a realidade vinga-se das fantasias. O movimento real é mais poderoso do que os "sonhos" de extermínio simbólico de burocratas bem pagos da Capital Federal. É o que demonstrará o encontro de julho, da UNE, no Rio de Janeiro; temos certeza.

9
Os caminhos da democratização da universidade*

Já é lugar-comum situar a universidade como o espaço onde se dão a produção e a reprodução de especialistas para ocuparem lugares na estrutura de mando na sociedade atual. É certo que, sob o capitalismo, ela é obrigada, pela lógica própria do novo sistema de exploração racional do trabalho, a recrutar grandes massas de indivíduos selecionados severamente para o provimento de cargos. Ela é a formadora dos "recursos humanos" para a burocracia das empresas privadas e do Poder Público.

É uma fábrica que ao mesmo tempo produz um núcleo de intelectuais ligados às prebendas burocráticas da classe dominante e cria um novo exército intelectual de reserva, uma camada intelectual proletaróide similar às massas subempregadas do sistema.

A universidade não pode ser vista no âmbito da ótica funcionalista de Althusser ou Bourdieu, como formadora de idéias e

---

* Publicado na *Folha de S.Paulo*, São Paulo, 19 out. 1980.

pessoas a "serviço de", mas como parte de uma rede complexa de interações entre os distintos mecanismos da superestrutura (instituições e ideologias, sistema político e realidade cultural). O estudante e o professor partem da compreensão da universidade para compreender a sociedade. Ela é a imagem da sociedade com suas estruturas autoritárias e seus princípios de "ordem" e poder.

Uma das reivindicações presentes na universidade é a da autonomia universitária e da participação paritária nos órgãos decisórios em todos os níveis, englobando professores, estudantes e funcionários, a real "comunidade acadêmica".

Tais reivindicações datam do início do século. Já o movimento de Reforma Universitária de Córdoba, na Argentina, em 1918, pleiteava: co-governo estudantil, autonomia política, docente e administrativa da universidade, eleição dos mandatários por assembléias com representação de estudantes, professores e ex-alunos, freqüência não-obrigatória e imunidade do câmpus ante as forças policiais. Entendiam eles que o câmpus não se restringe à sala de aula; as habitações e o conjunto de ruas do câmpus fazem parte do regime de autonomia universitária. A autonomia universitária – incluindo a financeira – não é uma via de democratização, é a condição prévia para consegui-la. Não é um fim em si, é um meio que pode ou não ter eficiência, para que as universidades cumpram seu papel. Em suma, um regime de autonomia universitária significa que o governo não meta as mãos na universidade.

A autonomia está ligada à gratuidade do ensino. Não pode ser democrática uma instituição universitária que, além de não gozar de autonomia, mantém o ensino pago. Daí a defesa do caráter público e gratuito do ensino universitário ser fundamental na luta pela democratização real e não de fachada, fundada na mais ampla liberdade de pensamento de professores e estudantes, que não devem e não podem ser beneficiados ou prejudicados por razões ideológicas.

Sobre educação, política e sindicalismo

A universidade democrática inexiste sem participação paritária estudantil. Nunca ouvimos dizer que os estudantes pretendessem elaborar programas de curso ou impor métodos de pesquisa. Jamais, em seus documentos escritos ou discursos, ouvimos que pretendam prescindir do professor ou indicar-lhe sua "ciência". Apenas lutam pelo direito de participar ativa e não nominalmente na definição das grandes opções da universidade.

A crise da universidade consiste em que a sociedade é moderna e ela é uma instituição medieval. Veja-se a organização departamental da universidade brasileira, que santifica a divisão taylorista do trabalho intelectual, criando muros e não pontes entre as várias especialidades. Os departamentos se reduzem a "panelinhas" burocráticas inglórias, que lutam pela automanutenção de seus titulares nos cargos. A universidade brasileira atual converteu-se numa repartição pública, num sistema escalonado de cargos que seus ocupantes de cúpula usufruem como "prebendas" burocráticas, complementando seus salários com financiamento de agências de pesquisa nacionais e internacionais, que nem sempre têm em vista os interesses nacionais, isto é, da maioria da população calada pelo novo arrocho salarial, pela falta de liberdade sindical.

Na universidade, a relação docente é atravessada pelo poder, é uma relação de poder, na qual o sistema rígido de "provas", a conformidade do aluno ao programa prefixado sem sua participação e o sistema de jubilamento, de exclusão, constituem os pilares da pedagogia burocrática.

É profundamente antidemocrática a existência do segredo no meio universitário: a elaboração do orçamento é secreta – hoje em dia depende mais do Ministério de Planejamento que do Ministério da Educação –, o balanço anual das atividades também o é. Uma democracia sem prestação de contas, na qual tudo é oculto, não é uma democracia. Há o perigo de as organizações estudantis, de funcionários e de professores incorporarem-se ao sistema, praticando uma de suas regras básicas: decisões tomadas pela cúpula.

A universidade é rica em princípios e é pobre em organização democrática.

O recrutamento do corpo docente, a origem social dos alunos, na sua maioria provindos das classes alta e média, caracterizam a elitização acadêmica como reprodutora do social mais amplo. Não há democratização da universidade sem participação do estudantado, inclusive nas bancas de concurso de professores, nas provas didáticas. Uma das condições da criação e da transmissão da cultura na universidade é a possibilidade de discuti-la a todo momento, daí a importância dessa participação. A aquisição do saber deve ser acompanhada da reflexão crítica sobre o mesmo, pois o ideal não é fabricar "quadros" dóceis, submetidos às baterias de testes das empresas privadas, mas homens que vivem as duas dimensões da liberdade: a inserção na sociedade e sua crítica simultânea. O princípio de autoridade na universidade deve fundar-se no saber e na capacidade produtiva; o que ultrapasse isso é autoritarismo grosseiro. Autonomia plena, gratuidade do ensino, publicidade dos atos administrativos e representação partidária de funcionários, alunos e professores são as precondições da democracia universitária. Ela, porém, não se deve confinar ao *campus*; de nada vale se autonomia e liberdade sindical, ampla liberdade de pensamento e expressão não a complementarem.

10
Mobral e CEBs*

O Mobral pretende, através do Programa Diversificado de Ação Comunitária (Prodac), cooptar as Comunidades Eclesiais de Base (CEBs), integrando-as no âmbito do Estado. A pretexto de alfabetizar, o Mobral na realidade é uma agência do Estado para controle de população. Inicialmente volta-se para a alfabetização, estrutura-se nos centros urbanos e zonas rurais onde havia e há grande tensão social (luta de terras) a pretexto de alfabetizar, mas, na realidade, procura detectar focos cruciais de conflitos para que o Estado possa "administrá-los" ou, "preventivamente", adotar medidas acauteladoras. O convênio entre o Mobral e a CNBB acaba de ser assinado.

Segundo a própria CNBB, 53% das CEBs localizam-se nas áreas rurais, 11% na periferia das cidades e apenas 17% nas áreas urbanas.

---

* Publicado na *Folha de S.Paulo*, São Paulo, 10 dez. 1980.

Através do Prodac, pretenderá o Mobral integrar no âmbito do Estado essas faixas populacionais, onde, em nome da "comunidade", qualquer reivindicação será tida como ilegítima. Pretende o Mobral utilizar sua estrutura existente para esse trabalho: as comissões municipais indicadas pelos prefeitos da região e o trabalho voluntário, que mobiliza 35 mil pessoas. A ação comunitária via Mobral, na opinião de seu presidente atual, se constitui na ampliação da chamada abertura.

Tudo isso coloca uma questão: a tradição paternalista inerente ao Estado brasileiro, que vem, de longa data, preocupado em controlar, integrar, domesticar as populações subalternas mais do que em conscientizar, na medida em que esse processo possa revelar-se crítico aos donos do poder.

Já na década de 1930, um representante da oligarquia mineira, com a conclamação "façamos a revolução antes que o povo a faça", define as linhas-mestras dos controles oligárquico-estatais que se estabeleceriam com Getúlio Vargas e o Estado Novo.

Os fundamentos dessa visão corporativista, na qual o Estado é o único elemento ativo e a sociedade civil atua como elemento passivo, se encontram em Oliveira Viana, ex-assessor de Vargas e um autor para ser lido.

Partia Oliveira Viana da análise das estruturas de poder brasileiras fundadas nos clãs feudais e parentais e posteriormente no papel do Estado como "cimento" da aliança de classes que se corporifica em 1930 e se define em 1937 com a constituição do Estado Novo.

Oliveira Viana, como bom ideólogo do corporativismo autoritário estado-novista, ao mesmo tempo em que desvalorizava quaisquer iniciativas de base com sua teoria do "povo-massa" manipulado pelos comícios eleitorais, enfatizava a ação dos grandes caudilhos que se apossavam do Estado e se constituíam em fatores de centralização e controle daquele "povo-massa".

Nesse esquema conceitual, Oliveira Viana reproduzia muito dos ideólogos corporativistas de sua época, pois constituía

Sobre educação, política e sindicalismo

lugar-comum na literatura política de então (1930-1950) a ênfase na ação do Estado como unificador, como criador, como fiador da sociedade civil, a ponto de um de seus maiores ideólogos, Mussolini, definir sua visão corporativista nestes termos: nada fora do Estado, nada contra o Estado, tudo dentro do Estado. A diferença entre o corporativismo fascista italiano e a ideologia corporativa brasileira, a diferença entre Mussolini e Oliveira Viana, advinha de que o primeiro era expressão de um capitalismo italiano provindo de uma recomposição das classes dominantes sem nenhum apelo a mudanças estruturais e voltado à expansão. O segundo advinha também de uma recomposição das classes dominantes operada em 1930, em que o Estado aparecia como "fiador", porém voltado "para dentro", mais para o controle de população através de um Estado policial, do que vinculado a expansionismos externos, seja econômicos seja políticos.

É esse esquema que o Mobral pretende ressuscitar; representa a camisa-de-força do Estado, que, a pretexto de "organizar" o povo, na realidade enquadra-o na malha da ordem, hierarquia e disciplina estatais.

Porém, já o dizia um sábio alemão do século passado: a história se repete duas vezes, a primeira vez como história e a segunda como farsa. Assistamos à farsa.

11
Pós-graduação e
consciência social*

É sabido que a formação da consciência não se dá por ações pessoais na sua base; necessita de um solo social. Assim, a sociedade precisou tornar-se muito complexa, a divisão de trabalho, altamente sofisticada, as funções sociais, altamente diferenciadas para que emergisse a noção do indivíduo, inclusive do nome próprio. Isso se deveu a um trabalho milenar no qual a sociedade superou as formas de solidariedade fundadas no clã, perfilando uma estrutura social diferenciada, e a lealdade à classe, ao estamento e à casta substituísse a lealdade primitiva ao clã.

Porém, somente com as revoluções burguesas ocidentais, especialmente a eclosão da revolução norte-americana de 1774 e a revolução francesa de 1789, a exigência de uma consciência social encontrou seu solo na exigência da participação do cidadão, e o indivíduo passa a atuar como base de Direito, como integrante da legitimidade dos poderes constituídos depois de então.

---

* Publicado na *Folha de S.Paulo*, São Paulo, 29 dez. 1979.

A cidadania e seu exercício são inerentes às revoluções burguesas. França, Inglaterra e Estados Unidos se constituíram em locais privilegiados de seu exercício, pois, lá, as revoluções burguesas significaram rupturas radicais com o passado simbolizado pelo modo de produção feudal, se deram por pressão "de baixo" envolvendo setores médios e populares; daí o projeto burguês, ao realizar-se inteiramente, encontrou seu solo social e histórico.

Diferentemente de França, Estados Unidos e Inglaterra, que realizaram suas revoluções "por baixo", pela base, Alemanha, Japão e Itália realizaram-nas "de cima".

Em outros termos, a revolução burguesa na Alemanha, no Japão, na Itália se deu "por cima", não por uma mudança partindo da base, que significasse uma ruptura total com o passado, mas por uma acomodação da burguesia industrial emergente à decadente aristocracia agrária e o Estado "cimentando" tal aliança.

Na América Latina e na África não foi diferente. Haja vista o Brasil, onde as revoluções são sempre incompletas; em 1922, 1924 e 1930 aparecem como pronunciamentos militares a serviço da recomposição dos vários segmentos da classe dominante: bancário, industrial e agrícola, e o Estado emerge como o fiador desse processo político.

A realização da revolução capitalista "de cima" implica que se confira à massa sem propriedade o papel de espectador. Eis por que a Proclamação da República apareceu, segundo cronista da época ao povo embasbacado que a assistia, como uma simples parada militar. Em tal país, inexistem o conceito e a prática da cidadania. Não há o cidadão que reivindica direitos, mas sim, como já dizia Max Weber, o "súdito tributário". Não é o cidadão na plenitude de seus direitos que aparece, mas sim o súdito que só tem deveres e não direitos e o principal consiste nas regras de obediência que o poder impõe sejam respeitadas, além do pagamento em dia dos impostos devidos ao Estado tributário. Tal estrutura logicamente na área educacional age da mesma forma. As reformas educacionais na realidade são simples pacotes educacionais, nada mudam, significam verdadeiras restaurações.

Da mesma forma que, na burocracia estatal, quando nada se quer resolver cria-se uma "comissão de alto nível" para estudar o caso, na área do ensino, quando nada se quer mudar, decreta-se uma "reforma" com a inevitável consolidação ou enterro. Nessas condições é que se dá a ofensiva contra a pós-graduação, que aparece como o "judeu" do regime. Um bode expiatório cômodo, para desconversar problemas mais substantivos. A desativação da pós-graduação, após as injeções de recursos que recebera na época do "milagre econômico", além de significar o desperdício desses recursos com o alto custo social e econômico que isso implica, torna vulnerável a credibilidade ao meio acadêmico nacional nas autoridades educacionais caboclas.

Eis que a desativação da pós-graduação no momento atual levaria as autoridades educacionais a passarem um atestado de burrice em centenas de mestres, mestrandos e doutores, formados pelo mesmo regime, regulamentado por essas "autoridades".

Porém, há outro fator a considerar como um dos móveis da política de desativação da pós-graduação, além do reconhecimento de que não é necessária tecnologia criada no país e o melhor caminho ainda é incorporar as das multinacionais: é a formação de uma nova consciência social.

Especialmente na área de Ciências Humanas, que recebe grande contingente de alunos do interior do Norte e Nordeste, é que se observa o surgimento de uma nova consciência social que emerge com a conclusão do curso de pós-graduação. O aluno provindo de áreas onde há o predomínio do coronelismo e da enxada sem o voto, onde a obediência ao poder é a suprema virtude e o passaporte à ascensão na carreira, volta e começa a questionar as relações de exploração e poder existentes na área. Logicamente, não é visto como alguém que reivindica direitos, que legitimamente expressa pontos de vista críticos à realidade existente e dominante, mas sim como um sujeito incômodo, que é necessário domesticar ou, em último caso, excluir.

E não é para menos, num país onde os votos da região Centro-Sul, a mais industrializada do país, valem menos que os votos do Brasil arcaico do interior do Norte e Nordeste; onde o passado está no presente com a predominância ainda dos clãs feudais, clãs parentais e currais eleitorais das Arenas da vida; onde o matador profissional cumpre função pública – não é de admirar que a consciência social seja declarada fora da lei, seja exilada ou banida.

Num país onde alfabetizar pode levar à prisão é muito natural que aqueles que apontem a inconsistência da distribuição diferencial do poder econômico e político sejam não só excluídos das prebendas do poder – é o caso da maioria do povo –, mas, também, excluídos das instituições ou nelas congelados.

Esse é um dos aspectos que me parecem significativos na atual política do poder em desativar a pós-graduação. A renúncia à pós-graduação como campo intelectual para criação de conhecimentos na área da pesquisa fundamental ou aplicada implica a aceitação da hegemonia da tecnologia imposta pelas multinacionais, com o neocolonialismo inerente a essa aceitação. Implica a demissão da procura de soluções no nível de tecnologia intermediária, eis que a importada é muito mais barata e portanto altamente rentável em termos imediatos. Embora se deva dizer a bem da verdade que a celebérrima transferência de tecnologia, tão enfatizada pelos adeptos do neoliberalismo caboclo, até hoje se reduziu a um pouco mais no referente à produção de sabonetes, perfumes e outros produtos de beleza.

Realmente, o que está faltando na área da pós-graduação é um plano a longo prazo, a abolição da rigidez de prazo na feitura de teses de mestrado, eis que ninguém, trabalhando dois ou três anos, pode satisfatoriamente demonstrar uma hipótese de trabalho. Mais do que isso, unificar os institutos – o Agronômico, o

Biológico, o Adolfo Lutz – numa pós com tronco básico, eliminando o aluno errante, que pula entre um instituto e outro, de uma cidade a outra como corretor de créditos. Em suma, trata-se de fazer ciência, produzir conhecimentos e não apenas teses sobre o irrelevante que garantam um lugar ao sol ao futuro acadêmico. Para que isso ocorra, é necessário perder o terror da crítica, o medo de questionamentos e da repressão que o acompanha. É claro que isso tudo exige o básico: a organização da sociedade civil em relação à sociedade política (o Estado) e a transformação do "súdito tributário" em cidadão, impossíveis sem a liberdade de auto-organização dos assalariados de todo tipo.

12
Pós-graduação, bode expiatório*

Há crimes lógicos e passionais; a distância que os separa é incerta, são definidos os primeiros pela existência da premeditação. Da mesma forma que a existência do carrasco pressupõe a vítima, o poder monocrático e vertical implica bodes expiatórios. Essa a função da pós-graduação nos discursos do poder, por meio de seus representantes mais autorizados. Justamente numa época em que cursos de pós-graduação difundiram-se pelo território nacional e nesse sentido "democratizaram-se", são tachados de elitistas e como tais voltados à extinção decretada pelos donos do poder.

Se elitismo fosse o pecado dos cursos de pós-graduação e como tal merecessem a "pena" da extinção, o que dizer dos cursos de graduação universitários, alimentados pelas taxas altíssimas cobradas pelas instituições "privadas", a que se somam os recur-

---

* Publicado na *Folha de S.Paulo*, São Paulo, 19 nov. 1979.

sos generosos carreados pelo Estado para mantê-los, em nome da "subvenção à iniciativa privada"? Elitista é toda rede de ensino a que acorrem os "ricos", eis que o pobre não precisa temer os exames para ser "excluído"; *a priori* está excluído dos níveis mais altos de ensino. Veja-se o alto nível de repetência, evasão e entrada tardia no sistema, dos níveis primário e secundário.

É sabido que aqueles que detêm capital econômico possuem, por isso mesmo, maior capital cultural. E, ainda mais, são os que ingressam na rede escolar "estatal gratuita"; pelo fato de terem cursado bons colégios, são "selecionados" pelo vestibular para as escolas do Estado, enquanto os alunos de supletivo mantêm grande parte da rede universitária particular, o que se constitui numa ofensa social à pobreza.

A escola, ao "selecionar" os chamados "melhores", apenas ratifica uma seleção social preexistente, escolhe os escolhidos, confere poder simbólico aos que detêm poder real – é a função do ensino universitário e pós-graduado. Porém, a educação não pode estar acima do desenvolvimento econômico da sociedade global, ensinam os clássicos. Eis que o caráter elitista que ela toma é mera reprodução de uma sociedade diferenciada por classes e alta concentração de renda, onde os pobres não têm poder de barganha.

Nesse sentido, criticar o elitismo educacional sem remontar às causas é atacar as conseqüências, os sintomas, "desconversando" a causalidade social estrutural. É a esse "esporte" que se têm dedicado ultimamente as "autoridades" educacionais do Planalto. Sem dúvida que a difusão da pós-graduação levou à emergência de centros aquém da missão pedagógica que se propõem formar pós-graduandos com nível médio básico. Porém, o remédio pode matar o doente. O estreitamento da faixa de pós-graduação a alguns centros de excelência, vistos da ótica do poder, além de ferir o direito básico do cidadão em continuar seus estudos, corre o risco de transformar tais centros de excelência em centros de

Sobre educação, política e sindicalismo

preferência. Em outros termos, manter a hegemonia de centros de pós-graduação na região Centro-Sul em detrimento do Norte e Nordeste, acentuando ainda mais as disparidades regionais.

O fato de existirem alguns centros de pós-graduação que realizam cursos de mestrado com instituições pequenas deve merecer a atenção dos "responsáveis pela educação nacional". Porém, não é menos verdade que o surgimento de um "pacote multinacional em educação" mediado pela Fundação Franco-Brasileira de Pesquisa e Desenvolvimento (Fulbras) não deve receber atenção menor. Eis que essa instituição se responsabiliza pela concessão de diplomas em nome da Universidade de Paris, Dauphine e Nancy, nas áreas de Economia do Desenvolvimento, Administração Pública, Informática, Ciências Sociais. São vinte vagas para cada doutorado, implicando dois anos de aulas e um ano reservado para tese, com uma taxa de Cr$ 165 mil anuais para cada candidato.

Idêntica iniciativa se deu através da Universidade do Texas, que procura vender seu "pacote": um doutorado – filial em Administração – aos paraibanos de Campina Grande. Os professores serão selecionados nas matrizes para lecionarem nas filiais. Isso cria alunos interessados em diploma e fortalece nas matrizes a corrida às vantagens financeiras. É muito difícil lutar pela qualidade do ensino opondo-se a senadores e deputados que presidem fundações universitárias privadas; é mais fácil apelar à extinção da pós-graduação através dos "centros de preferência" em nome de "centros de excelência" e culpar a universidade em seu conjunto pelo descalabro que se nota no ensino nacional.

Como pode a universidade ser culpabilizada pelo poder, pelo espírito de carreirismo vigente, pela procura dos títulos pelos títulos, pelo medo dos administradores universitários em tomar decisões, quando o próprio poder de Estado nestes últimos quinze anos transformou-a em escola-quartel, onde a burocracia a seu serviço "disciplinava" alunos e professores; onde a cumplicidade

111

com o poder era o passaporte à ascensão acadêmica muito mais que a produção de conhecimentos? Esse Estado que reduziu a autonomia universitária a um mito, que privilegiou os serviços de segurança e informação nas universidades como supremo poder "intelectual", agora critica seu produto – a universidade brasileira atual – por não saber assumir responsabilidades e autogerir-se?

Contrariando seu próprio discurso, enfatizando o autonomismo acadêmico, o poder, através do projeto de lei nº 34, obra de sua facção áulica – a Arena –, atribui ao presidente da República a escolha e nomeação dos dirigentes de fundações ligadas ao poder público, em suma, ao conjunto das universidades federais do país. É melancólico observar que a ideologia do poder consiste na mentira. Isto é, o poder apresenta um discurso autonomista e uma prática de dependência.

Outro argumento que o poder esgrime contra a pós-graduação é a prioridade que se deva dar aos níveis 1 e 2 do ensino. Sem dúvida alguma, num país onde ter dentes sem cáries, dormir oito horas e alimentar-se três vezes ao dia definem os setores médios, os graus iniciais de ensino devem merecer toda a atenção. Porém, consiste num falso maniqueísmo, em nome dessa atenção, desatender aos graus mais elevados do ensino. Eis que o Brasil, por força do desenvolvimento desigual do capitalismo no século 20, na área da educação, enfrenta dois desafios concomitantes: liquidar o analfabetismo e universalizar o 1º e o 2º graus de ensino, tarefa já realizada na Europa e nos EUA no século passado. Ao mesmo tempo, atender aos níveis mais altos de ensino, tendo em vista a sofisticação científico-tecnológica desse período do século 20. O desafio consiste em responder conjugadamente ao atendimento dos níveis de ensino, distribuindo os recursos existentes, eis que educação e saúde não constam como metas prioritárias nos planos de desenvolvimento estatais nos últimos quinze anos; as verbas de segurança ocupam seu lugar. Cremos

Sobre educação, política e sindicalismo

que somente através da auto-organização da sociedade civil através de suas bases nas cidades, locais de trabalho e universidades é que uma pressão em função das prioridades educacionais e sociais possa ser encetada. Isso é o ponto de partida para quaisquer discussões a respeito do ensino e suas implicações sociais e não a fetichização da prática em setores restritos da esfera educacional, como a "solução final" do problema do ensino, como quer o poder.

13
FMU: a escola do regime*

Foi o que concluí após ter lido a tese de mestrado de Carlos Benedito Martins, que agora sai em livro pela Global Editora.

O livro analisa em profundidade uma instituição – FMU – que nasceu e proliferou no maior momento de obscurantismo, trevas e repressão da cultura brasileira, endossando as propostas econômico-sociais e políticas da "revolução" de 64.

Palavras do A.: "Optei por realizar um estudo de uma dessas instituições particulares – Faculdades Metropolitanas Unidas (FMU) – por vários fatores: pelo seu crescimento, pelo seu público discente, pelo controle exercido sobre o trabalho do professor e pelas relações que estabelece com a 'revolução de 64'" (Martins, s. d., p.20). A FMU é a materialização da concepção instrumentalista da educação que se torna hegemônica em 64. O Estado organiza a educação em função do crescimento econô-

---

* Publicado na revista *Educação & Sociedade*, ano III, n.8, mar. 1981. Ed. Autores Associados e Cortez Editora.

mico, abre vagas, porém mantém o elitismo do ensino, a classe operária não tem acesso à universidade. Só chega lá quem pode pagar. O Estado pós-64 reabsorve as pressões de professores e estudantes para a reestruturação do ensino superior, especialmente das camadas médias urbanas, deflagrando o processo de *expansão pela privatização.*

Ao lado disso, o convênio MEC-Usaid significou outra "reconversão" dos objetivos das lutas populares pré-64: instituiu a departamentalização, a abolição das cátedras vitalícias, a tonificação do ensino, o curso básico, concluindo com o Relatório Meira Mattos, fundado na ideologia da "economia da educação", que maximiza os fatores que influem na educação tendo em vista sua maior "produtividade". A institucionalização desse processo, mostra o A., se dá com a Lei n.5.540.

A Política Educacional da ditadura mantém as universidades públicas como produtoras de conhecimento, como centros de "excelência", de produção erudita vinculada, e as universidades privadas como reprodutoras de conhecimento, dirigidas a um público de reprodutores, de consumidores de cultura. A FMU insere-se na segunda categoria.

Mostra o A. como o grupo formador da FMU procurou, na Igreja Metodista – que, por sua ação no campo da educação, possuía certa competência na área simbólica –, legitimar-se, colocando-a como Instituição Mantenedora, para atrair público com o nome da Igreja.

Não só a Igreja era "escolhida" como fonte de legitimação, mostra o A., como o Estado pós-64 constituiu a infra-estrutura da FMU:

> Todos os objetivos seriam restritos se a FMU não tivesse recebido da parte do MEC e do CFE todo o apoio de que necessitava para a execução de seu plano de expansão com vistas ao aumento dos quadros de especialização, como o do Brasil em relação ao seu prestígio como potência emergente. (Martins, s. d., p.75)

Assim, a FMU preocupou-se em privilegiar "ciências contábeis, tendo em vista que as operações administrativas contábeis das médias e grandes empresas passaram a requerer maior número de informações técnicas para implementar as decisões de operação" (ibidem, p.80). A preocupação com ensino "mais prático" e "menos teórico" levou "às 46 delegacias de SP hoje, [que] são ocupadas por assistentes sociais das FMU" (p.81). E os alunos da instituição? Mostra o A. que

esses alunos eram mais ou menos o "rebotalho" que não tinha passado nos vestibulares de outras faculdades da época. Era o excedente ou reprovado que queria nova chance. Eles não estavam preocupados em saber se esta faculdade que estava abrindo era *picaretagem* (grifo meu) ou não. Eles queriam era mostrar a alguém que tinham passado no vestibular. (p.85)

Alunos com trajetória escolar irregular, conforme Parecer 91/70 do CFE, alguns só possuíam o 1º ciclo e outros concluíram o 2º ciclo após a matrícula; assim,

um ex-investigador de polícia de S. Paulo, procurado como membro do Esquadrão da Morte e hoje cumprindo pena, não soube explicar como ingressara no curso de Direito da FMU e o freqüentara até o 3º ano sem jamais ter concluído o secundário. (p.94)

Para dar a seus alunos a impressão de que consomem capital cultural legítimo, a FMU contratava professores da FGV, PUC e USP, conforme explicação de um professor da FMU ao A.: "Nós precisávamos do medalhão, porque era ele que tinha nome para chamar aluno. Nós chamamos os medalhões de cada área porque era esse nome que aparecia no jornal, era ele que chamava a clientela" (p.101). Quem sabe isso explicaria o aumento do patrimônio da FMU de 2 milhões para 60 milhões e o número de alunos passar de 800 a 15.189 em 1978.

É lógico que as camadas médias, quanto menos possuem capital econômico, mais supervalorizam o capital cultural. Enquanto a produção cultural concentra-se nas "grandes escolas" freqüentadas pela classe dominante, a reprodução cultural é reservada aos setores médios. Ajunte-se a facilitação do ingresso, pois "foram o *maior* número de vagas e o *baixo* nível dos concorrentes que influenciaram minha escolha", declara um aluno pesquisado da FMU (p.123). O estudo seguia os moldes MEC-Usaid, não tinha compromisso crítico com a realidade nacional, porém,

> na área de sociologia, o estudo era feito sobre a sociedade *norteamericana*, a gente ficava um pouco embananado. A princípio estava meio confuso. Nós tínhamos um texto básico de Ely Chinoy que era por nós chamado "o tijolão". A gente tinha que ler aquilo e *enquadrar* a sociedade brasileira dentro da americana, mas no final foi tudo muito proveitoso. (p.133-4)

Enquanto a clientela do diurno da FMU era composta prioritariamente de alunos da classe média egressos do 2° ciclo, na do noturno 75% trabalhavam no setor privado e 25% no setor público.

Procurava, através da educação formal, um canal de ascensão social com o cultivo da assiduidade, da concentração e do ascetismo, evitando obstáculos à atividade mental, como dentes cariados ou obstrução nasal – conforme os "35 mandamentos básicos para aprimorar o estudo" –, galgar posições na escada social.

Mostra o A., porém, que nem tudo era "Alice no país das maravilhas"; assim, apareciam críticas à superlotação das salas de aula, à deficiência de bibliotecas. Conclui um aluno pesquisado: "Está provado que a escola no Brasil não consegue concatenar duas coisas: lucro e alto nível de ensino. Infelizmente, nossa escola (FMU) só pensa no primeiro caso (p.138).

Quanto aos professores, como grupo que não possui capital econômico, o magistério constitui o ponto terminal. Ingressam

Sobre educação, política e sindicalismo

no ensino universitário valendo-se do capital de relações sociais: "Quando estava economicamente mal, entrei para a FMU através de um ex-ministro de um dos governos revolucionários de 64" (p.147).

A vinculação da instituição ao aparelho de Estado pós-64 é cristalina. Eis que, procurando legitimar-se junto ao mesmo, convidou o então ministro Armando Falcão para paraninfar seus formandos (*Boletim FMU* n.1, p.3), participando com seus alunos nos desfiles de 7 de setembro (*Boletim FMU*, ano 11, ago. 1977, p.1), enquanto a aula inaugural da FMU em 1976 era ministrada pelo vice-governador do Estado, Prof. Dr. Manoel Gonçalves Ferreira Filho.

Aspecto interessantíssimo do livro é o estudo da FMU como *instituição disciplinar.*

Seu esquema administrativo sintetiza-se no que Foucault definia: vigiar e punir.

Assim, sob vigilância desenvolve ela seu trabalho de reprodutora do conhecimento existente aos alunos. Atua o professor como *vigilante*; nessa função "foi sugerido pela direção que seria adequado aos professores darem aulas vestidos de paletós e gravatas" (Martins, s. d., p.162).

Ritualmente vestido, atendendo a um público de composição indiferenciada, ministra uma "cultura média" para atender a todos; assim, "os chefes de departamento e diretoria colocam a necessidade de aula expositiva porque o aluno *quer* aulas expositivas" (p.90). O professor é vigiado pelos bedéis; assim, a presença do aluno, a matéria ministrada pelos professores, a sala em que foi ministrada a aula, o início e o término de aula são sujeitos a rigoroso controle por eles.

O produto final é uma inteligência disciplinada, um aluno aplicado nas tarefas escolares, porém despolitizado, e um professor desmobilizado com a diminuição de intervalo de aulas de trinta para dez minutos:

Nós tínhamos quase meia hora de intervalo, agora baixou uma portaria obrigando o professor a dar mais cinco minutos por hora e o intervalo passou a ser de dez minutos; tocam uma sineta – igual a um colégio interno – e às vezes não dá tempo de descer a escada. Esse tempo de dez minutos dificulta muito o relacionamento entre os professores. (p.168)

Alie-se a isso a triagem ideológica, eis que, inexistindo concursos para preenchimento das vagas de professores, são escolhidos por afinidades ideológicas:

quem não estivesse na nossa linha não tinha lugar aqui, pois essa era uma instituição dentro do regime atual. Não atraíamos professores contestatários. Nós dizíamos que aqui não era o lugar deles. Quem não estivesse de acordo com esta linha não nos servia. (p.92)

A observação acima de um dos professores pesquisados reflete bem o clima de *intolerância* repressiva que domina na FMU, onde há uma sala no andar térreo que possui ligação de som com as Faculdades, podendo gravar qualquer aula, sem o professor estar a par dessa atividade de "informação". Em suma, a parte imita o todo, um Estado autoritário tende a favorecer uma escola autoritária que retribui formando como produto final um súdito que reproduz o conjunto das relações sociais no âmbito da sociedade global.

Por tudo isso, merece o livro ser lido como um depoimento acerca da indústria cultural brasileira e de sua institucionalização e como uma advertência: uma escola repressiva não forma cidadãos que lutam pelos seus direitos; no máximo, forma os que proclamam esses direitos *sem* exercê-los; é o caso em foco.

Referência bibliográfica

MARTINS, C. B. *A empresa cultural*. São Paulo: Global, s. d.

14
Francisco Ferrer e a
pedagogia libertária*

Antecedentes históricos

É impossível compreender como Francisco Ferrer fora o criador da Escola Moderna, como ele conduzira sua ação pedagógico-política, a tragédia que o transformara no mártir do "pensamento livre" no século XX sem conhecer as linhas gerais da articulação entre as classes sociais, sua relação com o poder de Estado a partir da Idade Média espanhola.

Ferrer considerava a "Reconquista", a reconquista da Espanha invadida pelos árabes, a revanche do catolicismo contra o Islão, como o acontecimento-chave da Espanha moderna.

Embora participando geográfica e politicamente do que se convencionou chamar de "civilização européia", a Espanha desen-

---

* Publicado na revista *Educação* & *Sociedade*, ano I, n.1, set. 1981. Ed. Autores Associados e Cortez Editora.

volveu-se apresentando traços de especificidade em relação ao resto da Europa.

Apesar de o descobrimento da América provocar uma expansão considerável na nascente burguesia, a hegemonia pertencerá à nobreza espanhola, que submete a monarquia a seus interesses, aliando-se à Igreja como função legitimadora. Essa hegemonia da nobreza aparece por ocasião da expulsão dos mouriscos e judeus da Espanha. Embora a historiografia oficial apresente a versão de que a expedição de Colombo deveu-se a recursos provindos da venda das jóias de Isabel, a Católica, na realidade foram os comerciantes catalães e aragoneses que forneceram a ele os recursos para a expedição.

Descoberta a América, a Coroa procura intervir no desequilíbrio existente entre Castela e o reino catalão-aragonês, impedindo aos comerciantes catalães e valencianos o comércio com a América recém-descoberta; daí a razão de o comércio concentrar-se no porto de Sevilha, na qualidade de monopólio real.

O país se despovoa e seus "hidalgos" estão preocupados com o reluzir de seus brasões e a conquista, mediante a catequese de novos adeptos para o catolicismo, entre eles os indígenas além-Atlântico.

A emigração para a América e as guerras de Flandres, Itália e Alemanha contribuem para o despovoamento e explicam, em grande parte, o "enigma" hispânico.

A "Reconquista" e a Igreja

Até a invasão árabe, a Espanha ocupa lugar privilegiado, do ponto de vista econômico, em relação a outros países europeus. A administração árabe organiza o país favorecendo um certo florescimento econômico. Surge até certa igualização das cargas fiscais entre as classes sociais. No caso das terras dos *mkhoms*, 1/5 das terras foi apropriado pelos árabes pelo direito de conquista,

Sobre educação, política e sindicalismo

2/3 da colheita ficavam com o camponês e 1/3, somente, era destinado ao governador.

As terras eram racionalmente cultivadas e irrigadas; tal experiência não encontra paralelo na história espanhola. Igualmente, no domínio cultural, a invasão árabe com os sábios de Toledo que, segundo Block, criam a chamada "esquerda aristotélica" com Avicena e Averrois é a responsável pela "grande claridade da Idade Média", segundo o historiador medievalista Gustave Cohen. Porém, a hierarquia católica não suportava os árabes na medida em que estes questionavam seu monopólio religioso. Por outro lado, a realeza espanhola pretendia retornar à velha hegemonia, enquanto o povo reagia negativamente ao árabe herético e ocupante estrangeiro do solo. É a ocasião em que a Igreja aproveita para reagir mediante uma cruzada católica antiislâmica e nacional antiestrangeira. A fé e o chamado "interesse nacional" uniram-se numa só campanha. Da época da "Reconquista" data a hegemonia cultural e intelectual da Igreja como sua organizadora indiscutível. Enquanto a Itália e a França abrem-se aos chamados "tempos modernos", a Espanha reforça a ortodoxia em torno da Igreja, a disciplina em torno do Estado acoplado à nobreza como classe dominante. Na Espanha cria-se uma "dominação hierocrática", conforme Weber, na qual a Igreja resulta como a organizadora da hegemonia vinculada ao Estado que, por sua vez, estava fundado na nobreza, não participando dessa hegemonia a burguesia e o povo.

A guerra ao árabe leva a realeza a formar nova classe de proprietários de terra; daí o nascimento dos *fueros* (Cartas de Comunas), onde o povo secundariamente sai beneficiado. É uma situação transitória: após a guerra, a realeza e a nobreza retomam as terras concedidas ao povo, emergindo um regime de grande propriedade no Sul, fundado na expropriação do camponês, impedindo definitivamente a decadência das incipientes classes médias urbanas. A burguesia urbana funde-se à aristocracia por uma política de casamentos. Por outro lado, as representações municipais cedem passo à centralização real e, sob pressão da nobreza, as cartas de "fueros" tornam-se letra morta.

Esse declínio das classes médias, após a Reconquista, acentua-se com a expulsão dos judeus da Península, sob Torquemada. A Inquisição aparece como o grande instrumento da nobreza cujo principal objetivo é o confisco da propriedade do herético e cuja ideologia é a preservação da ortodoxia católica. A queda das representações municipais é tal que, nas Cortes, somente doze cidades foram representadas, o que mostra a fraqueza da burguesia, incapaz de exercer papel hegemônico na sociedade espanhola. Diferentemente, na Catalunha, a classe média prosperava, era o fio da ligação entre Espanha e França por meio do intercâmbio comercial. Tudo a diferenciava do resto do país: não participara das Cruzadas, possuía uma burguesia comercial urbana poderosa que defendia seus "fueros" encarniçadamente.

É o papel que ocupava Barcelona entre as cidades espanholas que influenciará definitivamente Ferrer quanto ao seu pensamento político-social. Barcelona torna-se a bandeira das classes médias urbanas.

O latifúndio que domina a cena espanhola torna-se objeto de preocupação da intelectualidade espanhola nos fins do século XVIII. Joaquim Costa, autor de *Coletivismo agrário na Espanha*, mostra um dos grandes perigos por que passou a Espanha: o de se tornar um país exclusivamente agrícola.

Em 1770, Juan Francisco de Castro denuncia o latifundismo. No entanto, é sob o reino de Carlos III (1759-1788) que as críticas ao latifúndio tornam-se sistemáticas. Assim, o Conde de Florida-blanca (1728-1808), ministro de Carlos III, acreditava que as colheitas e os animais deveriam ser de propriedade privada, porém as terras seriam coletivas, conforme o "mir" russo.

Personalidades como Pedro Rodriguez Campomanes (1723-1802), Jovellanos (1744-1811), Álvaro Florez Estrada (1766-1854) procuravam remédios para a crise do agro espanhol. Eram ideólogos burgueses de uma burguesia que não conseguia a hege-

Sobre educação, política e sindicalismo

monia no poder. Se o quadro fosse contrário, poderia a Espanha (como a França o fizera) nacionalizar os bens das comunidades religiosas e dividi-los democraticamente. Porém, o Estado espanhol era serviço da nobreza e do clero. Uma evolução rumo à democracia exigiria, como precondição, uma reforma do país, a destruição da oligarquia rural. A situação espanhola parecia-se, em muito, com a russa antes da abolição da servidão por Alexandre III.

A "geração de 98" trazia um ideário de liberdade, democracia, que não encontrava uma burguesia suficientemente forte para adotá-lo. A classe dominante espanhola estava mais interessada em ordem do que em liberdade; era mais hobbiana do que rousseaunianista.

As primeiras tentativas reformistas da estrutura social espanhola que ocorrem no século XIX dão-se quando em 1872 as Cortes de Cadiz procuram atacar o problema agrário nos seus dois ângulos: individualista e coletivo. O aspecto coletivista funda-se na tradição espanhola, aliando-se ao movimento de idéias da época, sob influência predominante dos fisiocratas na França, representados na Espanha por Jovellanos, procurando dar à reforma agrária um caráter essencialmente democrático, fundado em dados socioeconômicos.

As Cortes adotam a posição em favor da propriedade privada da terra. As municipalidades e os camponeses podem cultivá-las *à meia* (regime de meação), isto é, destinando metade da colheita vendida aos proprietários, por tempo indefinido (regime de "enfiteuse"). Porém, em 1814, Fernando VII anula totalmente a obra das Cortes liberais.

Novo renascimento liberal foi bloqueado com a chegada à Espanha de 60.000 franceses comandados pelo duque de Angoulême, enviados a pedido de Fernando VII por Luís XVIII em nome da Santa Aliança.

É em 1837 que o movimento de nacionalização das terras de mão-morta recebe seu maior impulso. Mendizabal (1790-1853) coloca à venda as propriedades de mão-morta e as propriedades territoriais coletivas, sujeitando-as totalmente à exploração individual. Florez Estrada (1760-1854) esforça-se em persuadir o governo do risco que corria em tornar os bens do clero e das municipalidades propriedade individual, nesse período crítico que a Espanha atravessava. Sua opinião, fundada em conhecimentos de economia política, definia-se como uma oposição dissimulada contra as leis democráticas. O Estado encontra-se ante um déficit financeiro considerável, levando-se em conta a guerra e as dificuldades de organização administrativa do país. O plano de Florez Estrada, baseado na *enfiteuse* de todos os bens comunais procedentes de mão-morta, não foi aceito. Seu fracasso levou-o a abandonar a política. Chega-se a 1855 sem que o povo conseguisse um pedaço de terra. As tentativas de reforma agrária do ministro Madoz redundam em fracasso; como as anteriores. Se era relativamente fácil expropriar algumas coletividades de suas terras, devido à pouca oposição encontrada, era bem mais difícil beneficiar o povo. Os ministérios liberais, de curta duração na Espanha, não poderiam resolver problema tão complexo.

No século XIX, a Espanha se levanta de seu torpor para resistir à invasão napoleônica, movendo a Guerra de Independência (1808). Porém, as Cortes estavam aquém da situação. O povo levanta-se, expulsa o estrangeiro ocupante, lança o rastilho das revoluções, que cobrirá a Espanha do século XIX.

Tal período desencadeia um fluxo de criação cultural que se manifesta na pintura, escultura, literatura, produzindo a célebre "geração de 98" que impõe à Espanha, após a perda da colônia de Cuba, uma tomada de consciência crítica. No plano científico tal tentativa é levada a efeito por Ramón y Cajal e no literário por Valle-Inclan, Giner de los Rios, Ganivet, Galdós e Menendez y Pelayo. Após a maioridade de Isabel II (1843) a oligarquia continua reinando, porém emerge um reformismo conservador, personificado em Navaez (1800-1868), de caráter essencialmente católico e preocupado em manter a tradicional união entre "Es-

Sobre educação, política e sindicalismo

tado e Igreja". Após sua morte, seu sucessor pretende continuar idêntica política, no que é impedido por ação das forças militares. Os partidos liberal, democrata e progressista unem-se para proclamar a revolução; os generais assinam um "Pronunciamento" que termina com o apelo "Abaixo os Bourbons! Viva a soberania nacional!", que mobiliza o povo espanhol, levando a rainha a refugiar-se na França.

Os generais no poder redigem um manifesto proclamando a soberania do povo, a liberdade de imprensa, religião e ensino. Pela primeira vez na história da Espanha, as Cortes, em 1869, votam pela liberdade dos cultos. Irritado com a medida, o clero combate esse insulto "à verdadeira fé", opondo-se ao partido constitucional. O duque de Aosta aceita o trono da Espanha, chega a Cartagena quando um general da Junta Militar é assassinado. Emergem Sagasta, chefe dos liberais, e Zorilla, dos radicais. Rompem a coalizão e o rei não consegue maioria para formação do Gabinete. Os carlistas se revoltam e o rei recusa o apelo à ditadura militar. Surge uma espécie de "guerra fria" entre o governo radical e o clero e Exército. O rei abdica e deixa o país, as Cortes proclamam a República a 12.2.1873 por 256 votos contra 32. Isabel abdica em favor de Alfonso, surgindo um partido "alfonsista".

As Cortes constituintes de 1873 foram predominantemente federalistas, presididas por Pi y Margall, tradutor e discípulo de Proudhon. Porém, o chefe do novo governo – Castelar – renuncia "provisoriamente" ao federalismo e mais claramente ao liberalismo, adotando a ditadura tradicional e suspendendo as garantias constitucionais. O Exército é o único dono do poder ostensivo. Os camponeses, sob influência da Igreja, opõem-se às cidades, enquanto o partido dos generais, hostil à república, funde-se com o partido monarquista, optando pela escolha de Alfonso XII ao trono espanhol. Para conquistar apoio do clero, o governo eleva a dotação orçamentária para a Igreja de 3 para 91 milhões de pesetas, extingue o casamento civil e fecha os templos

127

protestantes, estabelecendo Concordata com a Santa Sé. Dessa forma, a bico de pena, a "Restauração" elimina o pouco que havia das conquistas populares. Conseguindo institucionalizar a "restauração" pelo chamado "Golpe de Estado de Sagunto", Cánovas, chefe do partido alfonsista, impôs-se ao jovem rei e, com mão de ferro, submeteu o povo. Esse é o clima de terror que respira o jovem Ferrer. Embora Cánovas explicite que seu objetivo seja "conciliar" e não restaurar, ele é responsável pela venda de cargos públicos como sinecuras, dos abusos e injustiças praticados pela oligarquia. Porém, pôs fim aos "Pronunciamentos" e neutralizou o partido carlista.

A Constituição de 1876 rezava que nenhuma pessoa no território espanhol sofreria qualquer discriminação por motivo de suas idéias religiosas, o que assegurava a liberdade de culto.

Sob pressão do clero, Cánovas edita uma lei que atinge a liberdade na universidade. Isso provoca grande reação, fazendo-o recuar e, em troca, promete à Igreja Católica elevar as dotações orçamentárias a ela destinadas.

Enquanto os problemas agrários continuam na ordem do dia, o poder reage mediante a implantação do "caciquismo" e o "cacique" geralmente manipula a C. Municipal, ao mesmo tempo que depende do Ministério do Interior perante o qual é responsável. O poder, na medida em que se encontra no "caciquismo" sua reprodução, apóia-o, punindo qualquer desvio com a prisão ou execução. As eleições são a bico de pena e servem para sancionar a dominação. O movimento em favor da liberdade de expressão aparece com "Las leyes dominicales del libre pensamiento", que leva um ministro da monarquia a proclamar-se livrepensador numa sessão do Parlamento.

Foi violenta a reação da Igreja, do Estado, do capital e dos costumes tradicionais. Foram utilizadas todas as armas: excomunhão, confisco, multas. No entanto, as idéias democratizantes penetram em todos os comitês, círculos, cooperativas, que aderiram, nessa época, à liberdade de expressão. Realiza-se um con-

Sobre educação, política e sindicalismo

gresso internacional pela liberdade de pensamento e o casamento civil começa a suplantar o religioso, na Espanha. O enterro em cemitérios secularizados torna-se um hábito.

A questão social na Espanha foi discutida e colocada na arena da sociedade global por pensadores políticos de formação autodidata, como Pi y Margall, por exemplo, o grande ideólogo do federalismo, o mesmo ocorrendo com Anselmo Lorenzo, intelectual autodidata, historiador do movimento operário espanhol e europeu. O clero era rico, e o povo, pobre. Monsenhor José Veleda de Gunjado afirmara, na época, que o clero espanhol possuía, nos inícios do século XIX, 2/3 das propriedades mobiliárias e 1/3 das propriedades imobiliárias do país.

Enquanto isso, em 1845, a carência educacional é total no país. O ensino primário obrigatório, conforme a lei de 21.7.1838, não foi efetivado. Quatro milhões de habitantes, em dezesseis, sabiam ler. Durante os trinta anos posteriores, até 1907, essa cifra elevou-se a seis milhões em dezoito milhões de habitantes.

Após o surgimento da "Escola Moderna" de Ferrer, os créditos concedidos à educação, no âmbito da escola primária, em 1917, ultrapassam quatro vezes os destinados ao mesmo fim em 1909: 127 milhões de pesetas contra 27 milhões de pesetas. A separação entre Igreja e Estado, a secularização da escola e a tendência socializante generalizada se constituem em realizações das idéias de Francisco Ferrer.

A segunda república espanhola cria 24.000 novas escolas. Os professores, que recebiam 100 pesetas anuais, passam a receber 1.000 pesetas. Escolas normais são abertas para a formação de professores.

A tomada de consciência da "geração de 98"

Em 1898, a Espanha tem sua esquadra e sua frota destruídas no Caribe, onde, após curta guerra, perde para os EUA as Filipinas e Cuba.

O serviço militar não era obrigatório na Espanha, o clero estava isento de prestá-lo e a classe privilegiada conseguia evadir-se utilizando inúmeros estratagemas. Porém, o fenômeno conhecido como "geração de 98" não pode ser reduzido a um fator meramente contingencial, à perda das colônias pela Espanha. O fato é que essa "geração de 98" foi a primeira a lançar o grito de alarme e a revoltar-se contra um passado político que levou à falência nacional.

Para alguns pensadores "de 98", o problema espanhol residia no individualismo étnico espanhol e o remédio consistia na revalorização de aspectos positivos do passado, a grandeza histórica espanhola. Enquanto Ganivet procurava encontrar a regeneração do país no plano intelectual como compensação às perdas no plano político, Joaquim Costa esperava "salvar" o país pela europeização da Espanha.

Tal ambiente influencia Ferrer, que procura orientar sua ação por meio de uma política, expressa por um ideário pedagógico. Por sua vez, Ganivet e Unamuno especulam a respeito da "essência" do espanhol. Ferrer fora profundamente influenciado por Giner de los Rios, fundador do "Instituto de Ensino Livre", preocupado com o desenvolvimento educacional e econômico; porém, limitado a uma pequena elite pensante. O fracasso da República Espanhola mostrara que era impossível governar com uma elite "esclarecida" e um povo "nas trevas". A modernidade de Ferrer consiste na sua ênfase na tarefa educacional, realizada em parte pela segunda república.

O Homem

Ferrer nasceu a 10.1.1859, em Allela, pequeno burgo costeiro a algumas léguas de Barcelona, no seio de uma família desafogada de vinhateiros, rendeiros e pequenos proprietários de terra, presos à Igreja e à Monarquia. Inicialmente, ele é encarregado de

Sobre educação, política e sindicalismo

cuidar dos vinhedos da família; depois, consegue emprego, num arrabalde de Barcelona, como caixeiro, na casa de um lojista de tecidos.

A patroa é devota e inicialmente Ferrer a acompanha à missa; mais tarde acompanhará o patrão que é franco-mação, e, posteriormente, inscrever-se-á na loja "Verdad", o que significa uma grande mudança, para quem teve, como ele, uma formação profundamente católica (cantava no coro da Igreja e acompanhava sua avó, aos domingos, à missa).

Na sua mocidade, militara no Partido Republicano; mais tarde, porém, tornou-se secretário de Ruiz Zorilla, chefe do Partido Progressista.

Exilado político na França, nos fins do século XIX, conheceu pessoas que possuíam o projeto de realizar uma obra educacional fora do âmbito da Igreja, uma pedagogia racionalista, com inspiração em Pestalozzi ou orientada para o futuro, conforme as práticas de Paulo Robin e Elisée Reclus. Isso era muito difícil de realizar numa Espanha do latifúndio, com um clero inquisitorial, com "Reis Constitucionais de Espanha pela Graça de Deus", com a existência dos grandes senhorios de Estremadura e Andaluzia, dos torturadores do Castelo de Montjuich e uma burguesia mais interessada em ordem do que em liberdade, incapaz de exercer uma hegemonia, subordinada à nobreza e ao clero, que imprimiam uma direção do Estado.

Criou ele a Liga Internacional para a Educação Racionalista da Criança, em 1908,[1] recebendo o apoio de Máximo Górki, Ana-

---

1 Artigo 1º – Constitui-se uma liga denominada Liga Internacional para o Ensino Racional com o fim de introduzir praticamente no ensino da infância, em todos os países, as idéias da ciência, da liberdade e da solidariedade. Propõe-se, além disso, procurar a adoção e aplicação dos métodos mais apropriados à psicologia da criança com o fim de obter os melhores resultados com o menor esforço.
Termina a Exposição de Princípios da Liga com a exortação: "Se como nós desejais que a humanidade se governe pela razão e pela verdade, em vez de

tole France,[2] do sábio Langevin, de Bernard Shaw e do socialista Aristide Briand. Essa liga tem um órgão próprio na França, a *L'École Renovée*; na Itália, *Scuola Laica*, com seções na Suíça, Bélgica, Alemanha, Inglaterra, Holanda e Portugal. Em torno de Ferrer aglutinou-se a intelectualidade perseguida pela "Espanha negra": Odon de Buen, os irmãos Giner de los Rios, Pi y Margall. Também contava com o apoio do célebre biólogo Ramón y Cajal (Prêmio Nobel), os sábios e professores de medicina Llura e Martinéz Vargas e o velho historiador do sindicalismo espanhol, o autodidata Anselmo Lorenzo.[3]

---

deixar-se governar pelas preocupações e mentira; Se como nós e conosco quereis que a pacificação suceda à violência; Se como nós e conosco acreditais que a tarefa mais eficaz e mais urgente é a preparação de cérebros bem equilibrados e de inteligências firmes nas gerações que vêm à vida; Se assim for, vinde a nós; Trazei a Liga à vossa Liga o concurso de boa vontade fraternalmente unidas. O apoio material que vos pedimos é quase nulo: vosso apoio moral é-nos infinitamente precioso. Professores, libertando as crianças que vos confiam libertareis vós mesmos. Pais e mães, vós que amais, que adorais vossos filhos, libertai-os da escravidão intelectual em que durante tantos séculos geme a humanidade. Associai vossos esforços aos nossos para esta obra de emancipação única que conduzirá cada dia mais o mundo para um porvir melhor, que o encaminhará incessantemente para o mais amplo conhecimento da verdade, grandeza incomparável e bondade ilimitada. Separemos nossos filhos dos meios de trevas e fealdade em que temos vivido. Conduzamo-los para a beleza, para a luz". Pelo Comitê Internacional de Iniciativa e de Direção. O Presidente: Francisco Ferrer – Vice-Presidente: C. A. Laisant – Secretário: H. Meyer.

2 Artigo de Anatole France (1911):
"Recordamos que a grande burguesia de 1789, que traçou com suas próprias mãos ante a monarquia o edifício de suas franquias e a Revolução, construiu sobre o plano desenvolvido pelos 'filósofos'. A conquista das liberdades públicas se fez no século XVIII, auge do racionalismo e emancipação do trabalho. A força de reflexões adquira finalmente ciência de si e do mundo, que se una em consenso unânime à verdade demonstrada e na aplicação de um método racional, como ele é a força única, se converterá também em potência única."

3 "O sindicalismo operário tenderá a apoiar-se necessariamente no racionalismo escolar se se quer assistir à continuação ininterrupta e florescente de sua propaganda e organização. Por não tê-lo compreendido dessa forma desde

Ferrer criou também uma editora: "La Editorial".[4] Mantinha contato com professores e alunos. Assistia constantemente ao

os primeiros momentos da Primeira Internacional, por haver tantos operários analfabetos e muitos que aprendem a ler mais no catecismo ou através da persuasão, nos recolheu a atual geração operária a força moral e material decorrente dos trabalhos anteriores.

Deixe-se à burguesia liberal levantar estátuas a Ferrer, dar seu nome às suas praças, contrariando sua última vontade. Utilizem os trabalhadores a substância de sua iniciativa para apreciar e consolidar a grande obra de sua emancipação" (Lorenzo, 1911).

4 Publicações da Escola Moderna:

Cartilha. Primeiro livro de leitura. Dedicado ao ensino racionalista de crianças e adultos. Contém, além do ensino do mecanismo da leitura fundado num sistema original, uma aplicação prática do conhecimento meramente adquirido, em que expõe, de modo conciso e simples, a existência do universo. Um volume. Está na terceira edição.

Las aventuras de Nono, de Jean Grave. Segundo livro de leitura – tradução e introdução de A. Lorenzo. Destinado a robustecer o senso comum inicial na inteligência das crianças para que repilam preconceitos estacionários. Está na terceira edição.

A Miséria, suas causas e seus remédios, de Leon Malato. Segundo livro de leitura. É este livrinho que expõe o florescimento intelectual da infância, racionalmente desenvolvido pelo senso comum.

El nifio y adolescente, de Michel Petit. Segundo livro de leitura. Dedicado aos alunos da Escola Moderna. No desenvolvimento dessa obra põem-se imediatamente todos os erros que, por preconceitos e rotina, cometem-se contra a higiene e se expõem com método de clareza e regras que constituem a verdadeira ciência da vida. Um volume.

Preludios de la lucha, de F. P. y Arsuaga. Segundo livro de leitura. Exposição clara e precisa das injustiças sociais que sofre a humanidade. Um volume.

Sembrando flores, de Frederico Urales. Formosíssimo poema da vida, tão delicioso como instrutivo. Um volume.

Patriotismo y colonización. Terceiro livro de leitura. Instruídos os alunos pela leitura anterior, sobre as diferenças entre a sociedade real e a ideal, nesta acharão base segura para abominar a defesa de interesses privatistas, antisolidários e mesquinhos. Um volume.

Primeiro manuscrito. Interessante correspondência escolar. Um volume.

Segundo manuscrito. Continua o primeiro e secunda, na parte que lhe cabe, o critério da verdade. Um volume.

Origem do cristianismo. Quarto livro de leitura. Crítica positiva, que ilumina a inteligência do aluno, na infância ou na maturidade, quando intervier no mecanismo social; utilíssimo além disso por não se dirigir exclusivamente às escolas primárias, mas também às livres escolas de adultos. Um volume. *Epítome de gramática espanhola*, de Fabian Pelassi. Obra isenta de sofismas metafísicos e sociais, com abundantes exemplos. Está na terceira edição. Um volume.

Aritmética elementar, de Fabian Pelassi. Obra tão simples como útil, de grande facilidade para aplicar às inteligências infantis. Um volume.

Elementos de aritmética. Volume dos principiantes. A memorização e as quatro regras por Condorcet. Os Primeiros Princípios de Aritmética por Javal. Exercícios por Henri Vogt. Demonstração de que a base da matemática é experimental, e seu objeto, utilitário.

Elementos de aritmética. Segundo volume de Paraf Javal. Volume de curso médio. Contém as matérias de ensino nas classes elementares e superiores das escolas primárias. Em dois volumes.

Resumen de história de España, por Nicolas Estevanez. Com notas e um apêndice de Volney, a propósito da história e os intentos de generalização da crítica para o desvanecimento de preconceitos de tipo ufanista. Um volume.

Compendio de história universal, por Clemencia Jacquet. Da pré-história ao Império Romano. Segundo volume: Idade Média e tempos modernos. Terceiro volume: *Da revolução francesa aos nossos dias.* Leitura indispensável para as crianças de ambos os sexos, inspirada na moderna pedagogia. Utilíssima para adultos por ser um resumo histórico consciencioso, breve e verídico. Três volumes.

La substancia universal, por A. Bloch e Paraf Javal. Tradução de A. Lorenzo. Resumo da filosofia natural; obra útil para fixar as idéias dos mestres e ministrar base racional e científica aos seus conhecimentos neutros e iniciar os alunos na vida da verdade. Um volume.

Noções sobre as primeiras eras da humanidade, por Georges Engerrand. É um estudo breve e completo do período pré-histórico. Utilíssimo a pessoas desejosas de possuírem conhecimentos sobre fatos científicos comprovados.

Evolución super-orgánica (la naturaleza y el problema social), por Enrique Lluria. Demonstra que a sociologia segue a lei da evolução. Um volume.

Humanidad del porvenir, por Enrique Lluria. Jamais apareceu, como nessa obra, em feliz conjunção, um conjunto de dados irretorquíveis da ciência positiva e das ciências específicas, descortinando os amplos horizontes do progresso futuro.

Pequena história natural, por Odon de Buen. Esta obra é de tendência moderna, francamente racionalista, inspirada no positivismo e, portanto, de simplíssima composição.

Geografia física, por Odon de Buen. Prefácio de Elisée Reclus. Descrição científica do mundo físico, necessária para formar uma clara idéia do planeta que habitamos, base obrigatória para o estudo da natureza. Um volume.

conselho de professores e adquiria o material escolar. Preocupava-se com reservas de papel, compra de máquinas, consecução de pessoal apto a redigir, adaptação de textos para crianças e adultos. Publicou trinta títulos e entre 1901 e 1906 editou mensalmente um Boletim Escolar que abrangia, ao todo, 62 números, nos quais estavam incluídas redações de alunos.

A Escola Racionalista de Ferrer é mista e prega a coeducação sexual e das classes. Na medida em que não é financiada pelo Estado ou pela Igreja, ela é paga conforme as possibilidades financeiras do aluno; preocupa-se com a difusão da cultura junto do povo, estabelece o curso noturno e uma Universidade Popular.

Há grande preocupação com o material escolar. Encontram-se, na Escola Racionalista, lâminas de fisiologia vegetal e animal, gabinete de física e laboratório especial, máquina de projeção, substâncias alimentícias, industriais, minerais e animais.

Tal labor fecundo é interrompido por um complô dos estamentos dominantes, urdido contra Ferrer. A 31.5.1906, em Ma-

---

Mineralogia, por Odon de Buen. O autor, inspirando-se no critério experimental, demonstra que os minerais são seres da natureza, que variam e evoluem como tudo. Um volume.

Petrografia, por Odon de Buen. Neste volume, profusamente ilustrado, o autor trata, com simplicidade e clareza, matéria tão árida como os estudos das rochas mais importantes que formam os terrenos, caracteres gerais, rochas cristalinas e sedimentares. Um volume.

Edades de la Tierra, por Odon de Buen. Contém a descrição da gênese e evolução do sistema solar, resultando a História das vicissitudes por que passou o mundo em que habitamos. Um volume, profusamente ilustrado.

Tierra libre, por Jean Grave. Tradução de Anselmo Lorenzo. Esse conto constitui um esboço da sociedade futura, obra de um dos mais conhecidos pensadores que trabalham pelo porvir da humanidade. Um volume.

La escuela nueva, por Eslander. Tradução de Anselmo Lorenzo. Esboço de uma educação baseada nas leis da evolução da humanidade. Além de muitas outras obras editadas acerca da questão social. A *Biblioteca da Escola Moderna* editou a última e fundamental obra do geógrafo de renome universal, Elisée Reclus – *El hombre y la tierra* –, traduzida por Anselmo Lorenzo e revista pelo professor catedrático da Universidade de Barcelona Odon de Buen. Seis volumes.

dri, é lançada uma bomba contra o carro do Rei. O autor do atentado, Mateo Morale, é ex-bibliotecário da Escola Racionalista. Essa escola é fechada, enquanto Ferrer, tido como instigador do ato, é preso, sendo, porém, absolvido por um tribunal civil. No entanto, em 1909 a Catalunha aparece alvoroçada com a expedição ao Marrocos, ocasião em que Ferrer, que está em Londres, decide regressar à Espanha para visitar sua cunhada e sobrinha enfermas. O alvoroço popular contra a expedição ao Marrocos termina com queima de Igrejas e um motim de militares da reserva. Ferrer é preso novamente. "La Editorial" é fechada e mais de cem mil volumes são confiscados. Ferrer é rapidamente submetido a Conselho de Guerra onde *só* o depoimento da acusação é ouvido, transcorrendo o processo sem que as testemunhas de defesa sejam ouvidas e sem acareação. Condenado à morte, é executado a 13.10.1909. É, sem dúvida, um dos inúmeros mártires do pensamento livre.

A obra

Ferrer, esse desertor da burguesia,[5] enfatizava o papel da educação na renovação social,[6] uma educação livre de quaisquer

---

5 "Ferrer é um desertor da burguesia, filho espúrio da moral social. Porque defender os interesses do proletariado ou pretender colocá-lo em igualdade de condições sociais, em igualdade de direitos com a burguesia, é quase ofensa aos brios invertidos das classes parasitárias, as quais vivem à custa do trabalhador, certas de que gozam de um direito divino..." (Moura, 1934, p.29).

6 Apóstolo da instrução popular, racional, científica, paladino da Escola Nova. Era contrário às simples rebeliões políticas, mudanças de homens. Isso é atestado por uma carta dirigida por ele a Mlle. Henriette Mayed. Ao convidá-la para assumir a direção da Escola Moderna de Barcelona, a professora francesa se recusa, pretextando não poder ausentar-se de Paris, porquanto presidia o Comitê contra a pena de morte. Ferrer lhe responde: "Para transformar a maneira de ser da humanidade, não compreendo que haja coisa mais urgente do que o estabelecimento de um sistema de educação tal como

Sobre educação, política e sindicalismo

"ismos",[7] na qual não atuasse a violência refinada, a violência simbólica. Ciência,[8] liberdade e solidariedade se constituíam no seu ideário pedagógico; o combate à rotina[9] e ao atavismo, em sua meta. Quem sabe, por isso, seu nome não conste nas histórias oficiais da educação,[10] enquanto, na área, predomina hegemonicamente Durkheim,[11] com seu ranço de um sociologismo posi-

---

o concebemos e que, dando frutos, facilitará o progresso e tornará a conquista de toda idéia generosa muito mais fácil. Eis por que me parece que trabalhar agora pela abolição da pena de morte e para a Greve Geral *sem* saber como havemos de educar nossos filhos é começar pelo fim e perder tempo" (Moura, 1934, p.8-9).

7 Ferrer, mártir do ensino livre, sem muletas estatais ou religiosas "livre de quaisquer 'ismos' – porque o educador não tem o direito de violar a razão humana através da escola e nem lhe existe o direito de impor as suas idéias ou as suas predileções políticas ou sociológicas" (Moura, 1934, p.14).

8 Finalidade de Ferrer, "fazer penetrar no ensino os ideais de ciências, liberdade, solidariedade. Esse é o verdadeiro espírito da obra educacional de Ferrer: nenhum sectarismo, nenhuma estreiteza partidária, a mais leve sombra de predileção por escolas ou filosofias, amplitude de vistas e o respeito consciente à liberdade individual e o desabrochar da razão da criança" (Moura, 1934, p.18-9).

9 A primeira providência de Ferrer foi preservar o cérebro infantil e o adolescente da sugestão e da rotina, determinadas pela influência ancestral, impressa no atavismo e na ignorância ou na malícia com que são feitos os livros escolares (Moura, 1934, p.24).

10 "E Ferrer é afastado cuidadosamente do quadro social dos educadores modernos. Está por demais próximo de nós para que o Estado ou a escola oficial o possa prestigiar, prestando-lhe a homenagem de estilo" (Moura, 1934, p.28).

11 "Que diferença, por exemplo, entre Ferrer e Durkheim cujos livros de sociologia e educação constituem o breviário da Escola Nova. Tome-se um dos seus livros ao acaso, *Educação e sociologia*, e, em duas palavras, é doloroso verificar como os expoentes máximos da pedagogia moderna estão a serviço da reação, da sociedade ou do Estado.
Diz Durkheim: 'A educação tem por objeto suscitar e desenvolver na criança certo número de estados físicos, intelectuais e morais, reclamados pela sociedade política no seu conjunto e pelo meio especial a que a criança particularmente se destina'. Em resumo: 'a educação é a socialização da criança'. É lamentável, simplesmente. E Durkheim não observa apenas o fato geral de cada sociedade ou Estado de aproveitar a sua autoridade para fazer a

tivista (vendo o fato social como "coisa", ensinando nas *Regras do método sociológico*) que *anula* o indivíduo a pretexto de socialização[12] (leia-se, na absorção do "dominante" como sendo da "na-

criança instrumento das suas ambições políticas ou sociais. Durkheim aplaude e acorçoa essa atitude. Defende a sociologia burguesa dos acomodados.

O professor Paul Fauconnet, da Sorbonne, estudando e elogiando a obra de Durkheim, defendendo-a da crítica séria, concluiu com um sofisma: 'Se preparar uma pessoa é atualmente o fim da educação, e se educar é socializar, concluamos com Durkheim que é possível individualizar socializando. É esse precisamente o seu pensamento'. O que a malícia de todos esses 'sociólogos' e 'professores' deseja é a socialização das massas e a individualização deles, à exceção para os tipos do escol... parasitários. São os super-homens, superelefantes da cultura e dos privilégios. Durkheim é muito claro: 'Não é admissível que a função de educador possa ser preenchida por alguém que não apresente as garantias de que o Estado, e só ele, pode ser juiz. Não se compreende uma escola que possa reclamar o direito de dar uma educação anti-social'. A sua lógica simples fez ver que todo ensino contrário ao Estado é anti-social. Claro. O Estado é filho dileto da sociedade... Assim qualquer Estado aproveita de sua autoridade, da força para defender a sociedade ou o partido político que tem o poder nas mãos. Ir contra a prepotência do Estado que faz da escola meio de assegurar a sua hegemonia ou o açambarcamento de uma dinastia ou de um partido, é o dever de todos os seres humanos que amam a liberdade e respeitam os direitos da criança.

É escolher: se dá alguma importância à existência da sociedade – e nós acabamos de ver o que ela representa para o indivíduo – é preciso que a educação assegure, entre os cidadãos, suficiente comunidade de idéias e de sentimento, sem o que nenhuma sociedade subsiste; e, para que a educação possa produzir esse resultado, claro está que não pode ser inteiramente abandonada ao arbítrio dos particulares.

Pois bem, meus camaradas, foi esse espírito burguês, estreito, de Durkheim, um dos mais notáveis pedagogos modernos – foi esse espírito estreito que matou Ferrer" (Moura, 1934, p.30-3).

12 "Quem de nós aplaude o Estado moderno, a ressurreição do nacionalismo fascista ou qualquer ditadura implacável na defesa incondicional de um partido político dominante?

A socialização da criança como postulado de educação é um crime bárbaro que a humanidade terá de pagar pela lei de causa e efeito. Quantos séculos ainda de lesa-humanidade teremos de viver nos nossos filhos, espoliados hoje na escola da força e da brutalidade?" (Moura, 1934, p.34-5).

tureza das coisas", onde o Estado "consensual" fala em nome da "sociedade").[13]

O drama de Ferrer foi ter nascido num país considerado "terra bendita" dos analfabetos, onde a educação era o que menos importava a governos obscuristas.

Ferrer criticava o monopólio do conhecimento,[14] que, no seu entender, não se deveria constituir num saber dos poderosos, só

---

13 "Ferrer acreditava no advento de uma sociedade melhor, por isso respeitou a alma da criança. Como todos os libertários sinceros, apontava o Estado como o maior responsável pela ignorância humana. Não via claramente que a sociedade é que deveria ser a culpada dos desmandos e da mediocracia estatal. Por que o Estado não é mais do que o rebento querido da sociedade? Malgrado a sua consciência, tentou ir contra a corrente social. Esse é verdadeiro educador.

Mas Durkheim, cujos livros andam por aí afora traduzidos como obras notáveis de pedagogia, defendendo a sociedade rotineira e cheia de privilégios odiosos, chega a dizer que 'nem Basedow, nem Pestalozzi, nem Froebel eram grandes psicólogos'. O que há de comum e saliente nas doutrinas desses pedagogos é o respeito à liberdade interior – esse horror por toda e qualquer compreensão, esse amor ao homem e, por conseqüência, à criança, em que se funda o moderno individualismo. Durkheim os censura. Sim. Porque Durkheim prega uma educação fascista na qual o Estado, a serviço de um ditador qualquer, decreta a escola-comunidade e prepara a juventude na selvageria e na brutalidade para assalto ao poder e ao domínio. Durkheim aproxima-se tanto do fascismo como do bolchevismo na sua doutrina sociológica – para a socialização ou o coletivismo até mesmo da consciência... na defesa da sociedade formada pelo mais forte grupo que a soube defender...

A sua pedagogia se presta a todos os partidos. É pedagogia de vencer pela força bruta" (Moura, 1934, p.36-8).

14 Enquanto na universidade se ensina que a "matéria é uma incriada e eterna, vivemos num corpo astronômico secundário, inferior ao número infinito de mundos que povoam o espaço infinito, aos privilegiados que monopolizam a ciência universal não há razão para que, no ensino primário, se ensine que Deus fez o mundo do nada, em seis dias. A verdade é de todos e socialmente deve ir a todo mundo, não deve ser monopólio dos poderosos, ser vedada aos humildes na forma de uma verdade dogmática e oficial em contradição com a ciência. Daí o mais eficaz protesto consiste em dar aos deserdados essa verdade que lhes é ocultada" (Ferrer, s. d., p.20-1).

a eles acessível e vedado à maioria da nação. Repudiava a crítica sectária ou partidária,[15] que fazem tantos estragos no movimento social ainda hoje. Via a escola como um centro sereno de observação e pesquisa,[16] sem cultivar dogmas petrificados, constituindo-se numa negação positiva da escola do *passado*,[17] em que a lição das coisas substituíra as palavras.[18] Seu programa era formar pessoas "instruídas", verídicas, justas e livres de todo preconceito. Para tal, era necessário substituir o estudo dogmático pelo estudo racional, com base nas ciências naturais. O centro da educação era o desenvolvimento da *aptidão individual* de cada educando.

---

15 TOLERÂNCIA – A Escola Moderna é a "verdadeira escola que não pode consistir na satisfação de interesses sectários e rotinas petrificadas como foi até o presente, mas na criação de um ambiente intelectual onde as gerações recém-chegadas à vida se impregnem de todas as idéias, de todos os resultados do professor" (Ferrer, s. d., p.22).

16 IDEAL DA ESCOLA – Trata-se de educar "a infância na verdade e só na verdade, ou o que como tal ficar demonstrado. Limitar-nos-emos a recordar que não se trata de criar mais um exemplar do que se conhece com o nome de Escola Leiga com os seus dogmatismos apaixonados, mas sim um observatório sereno, aberto aos quatro ventos onde nenhuma obstrua o horizonte interpondo-se à luz do conhecimento humano" (Ferrer, s. d., p.23).

17 O QUE DEVE SER A ESCOLA MODERNA – Reconhecendo a minha incompetência com relação à técnica pedagógica, mas não confiando demasiadamente nos pedagogos titulados, considerando-os ligados, em grande parte, ao atavismo profissional, dediquei-me a encontrar pessoas que, por seus conhecimentos e prática, formulassem o programa da Escola Moderna que deveria ser não o tipo perfeito da futura escola de uma sociedade razoável, mas sua *precursora*, a possível adaptação racional ao meio, em outras palavras, a *negação positiva da escola do passado perpetuada no presente*" (Ferrer, s. d., p.20).

18 VISÃO DA CRIANÇA – "Persuadido de que a criança nasce sem idéia preconcebida e que no transcurso de sua vida adquire as idéias das primeiras pessoas que a rodeiam, modificando-as por comparação, por leituras, observações e relações que procura no ambiente que a rodeia, é evidente que se a criança fosse educada com noções positivas e verdadeiras acerca das coisas e se lhe prevenisse que para evitar erros é indispensável que não se acredita em nada por fé, mas sim, pela experiência e por demonstração racional, a criança estaria preparada para qualquer tipo de estudo" (Ferrer, s. d., p.19).

Sobre educação, política e sindicalismo

A Escola Racionalista ou Moderna preocupava-se em desenvolver no aluno a análise crítica dos juízos,[19] a valorização do pensamento científico,[20] educando integralmente o homem, nos aspectos afetivo e racional.[21]

Coeducação de ambos os sexos

A coeducação na Espanha não é tão incomum nas aldeias isoladas. É comum um vizinho juntar as crianças de ambos os sexos para ensinar as primeiras letras, mas, em geral, é uma professora, nunca um homem, que ensina a meninos e meninas. A

---

19 ANÁLISE CRÍTICA DOS JUÍZOS – "Falava com meus alunos sobre política, religião, arte, costumes espanhóis, procurava retificar juízos emitidos na medida em que fossem exagerados ou carecessem de fundamento, ou ressaltava o inconveniente que existe em submeter o próprio juízo ao dogma de seita, escola ou partido, que, desgraçadamente, está tão generalizado. Dessa forma conseguia que indivíduos distanciados por suas crenças particulares se aproximassem, submetendo-se a uma análise crítica das crenças antes aceitas acriticamente, por fé, por obediência ou por simples acatamento servil. A severidade da lógica aplicada sem censura e oportunamente limou asperezas fanáticas, estabeleceu concórdias intelectuais e, até certo ponto, determinou vontades num sentido progressivo. Livres-pensadores, opostos à Igreja, que transigiam com as aberrações do Gênesis, republicanos mais ou menos oportunistas que se contentavam com a minguada igualdade democrática, que contém o título de cidadania, sem afetar a esta diferenciação de classes, filósofos que pretendiam ter descoberto a causa primordial sob uma vã fraseologia, todos puderam ver o erro alheio e o próprio" (Ferrer, s. d., p.14).

20 VALORES DA CIÊNCIA – Dissipa os erros tradicionais, fundada na observação e experiência, conhecimento das leis que regulam os objetos. "Método novo, real e positivo" (Ferrer, s. d., p.26).

21 Tendo como fundamento do ensino as ciências naturais, faremos com que "as representações intelectuais sugeridas ao educando pela ciência convertam-se em sentimentos, que ele ame tais representações. E como a conduta do homem gira em torno de seu caráter, o jovem educando, quando dirigido pelo seu entendimento peculiar, converterá a ciência, por conduto do sentimento, em mestra única e benéfica de sua vida" (Ferrer, s. d., p.23).

escola mista, nas grandes cidades, ainda era desconhecida. A cada pai que inscrevia filho homem, Ferrer pedia que inscrevesse também as do sexo feminino, tornando pública a intenção da coeducação na Escola Moderna, evitando assim os temores de crítica do ambiente à coeducação, à coexistência dos dois sexos numa sala de aula. A finalidade era que ambos os sexos "desenvolvessem a inteligência, purificassem o coração e fortificassem as vontades" (Ferrer, s. d., p.30); Ferrer pregava um tipo de mulher não limitada à casa. Para que tal fosse possível, os conhecimentos, em termos de qualidade e quantidade, deveriam ser idênticos aos recebidos pelos homens. Tanto mais que a mulher poderia acompanhar a evolução e o desenvolvimento da ciência, beneficiando-se da aplicação do método científico.

Coeducação das classes sociais

A coeducação sexual está ligada à coeducação social. Conforme a célebre Declaração dos Direitos do Homem, segundo a qual "os homens nascem livres e iguais", não poderia haver diferenças sociais, surgindo daí as atitudes reivindicativas. A Escola Moderna, segundo Ferrer, trabalha com crianças que são os futuros homens e não é justo incutir-lhes sentimentos e/ou opções que são próprios de adultos; em outras palavras, não quer colher o fruto antes de cultivá-lo, nem quer atribuir uma responsabilidade sem haver dotado a consciência das condições que constituirão seu fundamento (p.35-6).

Mostra Ferrer que uma escola para ricos também não pode ser racional, na medida em que é exclusivista. Por força das coisas, tenderia a ensinar a conservação de privilégios e vantagens; "a coeducação de pobres e ricos, colocando uns em contato com outros na inocente igualdade da infância, por meio da sistemática igualdade da escola racional, é essa a escola, boa, necessária e reparadora" (p.36).

Sobre educação, política e sindicalismo

A finalidade da pedagogia moderna é uma orientação que tende a uma sociedade justa, mostrando às novas gerações as causas dos desequilíbrios sociais, preparação de uma humanidade feliz, livre de ficções mitológicas e de uma submissão à desigualdade econômico-social, como se ela fosse um inevitável destino. "Não podemos confiá-la ao estado, nem a outros órgãos oficiais na medida em que são sustentáculo dos privilégios, obrigatoriamente conservadores e fomentadores das leis que consagram a exploração do homem" (p.37). O ensino, seja oficial ou "laico", está cheio de superstições anticientíficas. Cabe visitar as associações operárias, as Fraternidades Republicanas, os Centros de Instrução e Ateneus Operários e encontrar-se-á ali "a verdadeira linguagem da verdade, aconselhando a união, o esforço e a atenção constante ao problema da instrução racional e científica, da instrução que demonstre a injustiça de qualquer privilégio" (p.38).

Higiene escolar

Reação à sujeira escolar, uma vez que a sujeira é causa de enfermidade, com seu perigo de infecção, com o perigo de causar epidemia e a limpeza como agente de saúde; "conseguíamos facilmente determinar a vontade das crianças em relação à limpeza e dispor sua inteligência e compreensão científica da higiene".

A criança influenciava a família na medida em que solicitava, com urgência, que fossem lavados seus pés, outra queria banhar-se, outra pedia escova para os dentes (p.39).

Doenças como sarna, tracoma, histeria geralmente têm como foco a escola. A aglomeração em que vivem os alunos, o uso de um só banheiro, lápis que passam de mão em mão constituem uma promiscuidade perigosa para a comunidade. No entanto, creio que se pode melhorar a situação sem grandes esforços, estabelecendo a proteção e instrução higiênica nas escolas. Para a difusão da instrução não se necessita de palácios retumbantes, bastam salas amplas com luz abundante onde os escolares estejam protegidos (p.41).

Preocupação com a salubridade do edifício, como iluminação, ventilação, calefação, correntes de ar, instalação de banheiros. Ao mesmo tempo, a cura e prevenção de doenças transmissíveis e adequação da educação física à capacidade intelectual de cada criança, procurando evitar todo um quadro sintomatológico, como dores de cabeça, vômitos, insônia, neurastenia infantil e as conseqüências da *surmenage*.

Às crianças seriam proporcionadas conferências semanais sobre práticas higiênicas, ensinando-as a amar a saúde, ajudando-as a conservá-la e influenciando seus pais através do exemplo escolar.

Cada criança tinha um "caderno biológico" no qual estariam anotadas as enfermidades que a afetaram, possibilitando, em casos de epidemia, àqueles que já tenham sido afetados pela enfermidade (sarampo, febre tifóide etc.) permanecerem e assistirem às aulas.

Ferrer valorizava o papel formativo do jogo na educação da criança. A ação da criança durante o jogo antecipa a ação do adulto no trabalho. O desenvolvimento da criança passa pelos jogos, entendidos como área em que ela pode manifestar sinceramente seus desejos. Isso substituiria "arrancar o aluno das salas de aula com mutismo e quietude insuportável, características da morte, substituindo-as pela alegria e bem-estar infantil" (p.45).

A Escola Moderna estima ser necessário que as iniciativas da criança constituam o pré-requisito de sua aquisição cultural, respeitando sua individualidade em vez de "submetê-la ao molde estrito de pais e professores" (p.46).

A visão moderna da vida é que ela existe para ser vivida, gozada, e não como uma cruz que o homem deva carregar. Daí "o supremo dever coletivo ser irradiar vida por todos os recantos" (p.46).

Sobre educação, política e sindicalismo

O jogo é um dos elementos importantes para conhecer o caráter da criança. Daí por que "os pais e educadores devam, até certo ponto, serem *passivos* na obra educadora". Educar consiste em ajudar as tendências positivas da criança a se desenvolverem e não submetê-la a preceitos imperativos do tipo de mandato dogmático religioso ou secular. O jogo tem a função de desenvolver o altruísmo num período em que o egoísmo está ainda encravado na criança. É o jogo que pode mostrar não só a *competição*, como também a lei da solidariedade em que predomina a *cooperação*.

O corpo professoral

A Educação Racional, para sua realização, implicava a existência de um professorado que a pusesse em prática. Ferrer nota que o professor comum, em geral, junto com o padre, médico, boticário e usuário, faz parte do "caciquismo" local, especialmente em pequenas cidades. Se o professor não recebe do município, opta "pela indústria do ensino em escolas particulares, onde prepara jovens burgueses para o bacharelado e, se não consegue uma posição privilegiada, vive em condições defensivas como a maioria dos cidadãos" (p.49).

Ferrer sugere uma espécie de reciclagem dos professores, para não sofrerem os óbices da rotina. O único meio de preparação dos professores era a sua prática na própria Escola Racional onde

toda imposição dogmática era rechaçada, qualquer incursão na área metafísica era abandonada e, pouco a pouco, a experiência formava a nova ciência pedagógica, não só por meu empenho, mas pela ação dos primeiros professores e, em ocasiões, até pelas dúvidas e manifestações dos alunos. (p.50)

Daí Ferrer criar uma "Escola de Professores": uma espécie de escola normal racionalista onde se matriculavam candidatos a professores de ambos os sexos, funcionando com êxito até seu fechamento pela "arbitrariedade autoritária que, obedecendo a poderosos inimigos, opôs-se à nossa marcha com a enganadora ilusão de que triunfara pela eternidade" (p.50).

Ferrer critica a uniformidade em matéria de educação e aponta o exemplo francês, em que o mesmo programa escolar rege todo o país, e às 9 horas da manhã o ministro da Educação quer ter a certeza de que todas as crianças do país estão lendo, contando e escrevendo.

Por que não deixar a cargo do professor a iniciativa de fazer o que melhor lhe parece, pois conhece seus alunos melhor do que qualquer ministro ou burocrata e deve ter a liberdade necessária para adequar a instrução às suas tendências e a dos alunos? É a mesma ração para todos os estômagos, para todas as inteligências, os mesmos estudos e trabalhos. (p.51)

Ferrer pregava a hegemonia da pedagogia individual sobre a oficial. Pretendia que um dilúvio afogasse todos os pedagogos e salvasse somente Montaigne, Rousseau e Spencer. Aí não seriam mais construídas "escolas", mas seriam plantadas vinhas onde *"os racimos"* seriam levados à boca das crianças em vez de obrigá-las a fazer aquilo que não gostam como sucede hoje (p.52).

Daí Ferrer publicar um anúncio conclamando professores e jovens, de ambos os sexos, que desejam dedicar-se ao ensino racional e científico,[22] despojados de superstições, crenças tra-

---

22 A experiência de Vives Terrades relatada por um aluno, por Juan Ferrer (*Solidariedad Obrera*, 1959).
"Não se tratando de um filósofo, ou pedagogo conhecido, mas sim de um carpinteiro idealista, essa conjunção de dois nomes despertará pouco interesse nos leitores. Além da Vives Terrades, nosso homem que recordamos chamava-se José, nome vulgar na época, que qualquer um podia trazer. Com José Vives Terrades, qual víamos pela primeira vez, não teve aparência tão temível quanto supúnhamos. Talvez porque não usasse palmatória. Possivelmente a utilizasse no segundo dia. Motivos para tal, ofereceríamos *involuntariamente*, com sobradas razões. Nossa mentalidade de párvulos não concebia professor sem 'palografia'. Nosso forasteiro já ocupava seu lugar

Sobre educação, política e sindicalismo

na sala quando entrávamos. Ora, por abstração, ora por um franco sorriso, convencia aos novatos a respeito da escola nova. Vives vinha aureolado com uma fama terrível: ex-presidiário. Vives informou aos pais que generosamente punham a sua disposição seus filhos, que sabia trabalhar com madeira, embora estivesse certo de que não fôssemos madeira, havia uma forma de trabalhá-la. Nossos pais advertiam-no acerca de nossas tendências a colher no mato porque, enobrecido por seu sorriso de operário, o víamos responder: 'todas as crianças são iguais. O importante é fazer-se compreender por elas'. Essa camaradagem oferecida nos incutiu confiança. Certificamos que fora prisioneiro, por quixotismo, por sentimentos. Como uma centena de trabalhadores de idéias avançadas fora aprisionado no castelo, nos inícios do século XX, em Barcelona. Houve torturas, mortes e vexames. Vives saiu da cela do castelo moralmente intacto, porém fisicamente comprometido e com uma bondade extensiva a outros filhos, própria de quem é pai de três filhos. Tal era o nosso 'presidiário', nosso professor de ocasião. Crê-se que um homem que se dedique a lecionar por incapacidade para trabalhos físicos deve encontrar seu lugar, no asilo, não na sala de aula. Não obstante o mundo é muito mais complexo do que os estereótipos. A vida é mais dinâmica do que parece, entrecruzando miríades de critérios entre os homens e objetivos que não se confundem uns com os outros. Encontramos professores com título sem vocação, como vemos trabalhar como peões indivíduos altamente dotados, devido a causas sociais e ambientais, torna-se difícil definir o momento em que o peão altamente dotado possa exercer uma profissão liberal e o professor inapto fica destinado a um trabalho que nada tem a ver com seus interesses mais profundos. O professor a que o acaso nos destinara dedicava-se a ensinar não somente como 'um ganha-pão' que já não era abundante. Vives não nos encarou como matéria bruta, dedicou-se a estudar o caráter de cada um de nós. Examinou-nos a ortografia, a aritmética, a conduta, certificando-se de nossas deficiências. Teríamos que fazer algumas releituras. Alguns que já estavam no estudo do 'Guia do artesão' tiveram que voltar ao abecedário.

Nos primeiros dias já nos certificávamos que não sofreríamos a palmatória, porém a mudança de humor do mestre ante nossas deficiências nos atingia muito mais. O meio da palmatória fora substituído pelo pânico resultante de medo de não responder uma pergunta, o maior da classe tinha doze anos e o menor, sete. Apareceu um dado novo, essa coisa que queima o rosto e se chama vergonha.

Líamos em grupo as 'Leituras Instrutivas' de Celso Gomes. Cada um lia uma parte, devia explicar a seus colegas; caso não pudesse fazê-lo, recebia explicação de outro. Essa ginástica cerebral e o estímulo do medo em ficar atrasado pressionavam muito mais o aluno do que a palmatória.

Nosso carpinteiro revelara-se um pedagogo.

Nosso temível homem tornara-se um amigo. O mais importante, Vives havia conseguido inspirar confiança nos alunos e, pelo mesmo caminho, conseguiria nossa estima. Os quadros astronômicos, botânicos, geológico-geográficos, da fauna, da fisiologia, foram demarcados por nós sob orientação do 'mestre-carpinteiro'. Quão maravilhoso era trabalhar como operário no lugar de permanecer eternamente na condição de alunos numa sala fechada. É lógico que, depois das aulas teóricas, recobrassem seus direitos. Voltávamos às letras com uma recomendação sorridente do mestre sem a palmatória: 'As letras na aula, não na sopa'. De bom humor, todos concordávamos. As aulas teóricas, como dissemos, retomavam seus direitos. Porém, em certas ocasiões, isso se dava no bosque, no campo, de física popular, de números amenizados, da mecânica da existência ou de moral diária. Tinha-se que ver o operário manual, o idealista que nos educava, praticar ao ar livre ginástica pelas árvores, cantar e ensinar-nos suas canções sobre pássaros, ampliar nosso conhecimento sobre aves, traçar a origem e curso das águas que passavam sob nossos pés ou se condensavam na atmosfera, improvisar um curso de geologia com um *agijarro* colhido ao azar. As saídas do campo, nos primeiros dias, constituíam para nós grata surpresa. Conhecíamos essas idas ao campo por conta própria, quando fugíamos de uma escola desagradável e opressora, de uma escola carcerária e de um professor carcereiro. Conhecíamos da natureza sua liberdade em desordem, com suas plantas 'destrutíveis', pedras e arroios, que ladeavam-nos desconhecendo o perigo moral de suas águas indiferentes. Regressávamos a casa com um ramo de árvore na mão, com umas libras de maçãs verdes no estômago. Agora, era diferente. O 'irmão mais velho' nos adaptava à natureza, nos levava a um contacto íntimo com ela, desvelando seus segredos. Nossos jogos eram sãos e a volta a casa, serena e tranqüila. Não destruíamos ninhos, pois conhecíamos por humanização o dramático de um ninho humano violentamente destruído. Essa adaptação da criança à corrente normal da vida era vista pela comunidade atrasada e invejosa com muito desagrado. Nossa Escola Moderna, a mais bem instalada de todas as escolas, foi autoritariamente fechada por 'insuficiência sanitária'; a moral da Escola fora conscientemente tergiversada ao imputar-se a seu mestre uma tendência imbecil à blasfêmia: nós, seus educandos, sofremos muitas provocações para partirmos para agressão, para que assim o público nos imaginasse malévolos. E isso tudo se originava de um inimigo que falava em nome de Jesus. Vives via claramente que o problema de seu trabalho era conter-nos. Não permitiu que nossos pais nos acompanhassem para fazer frente às ameaças, essas foram superadas por nós e por quem não dorme quando é necessário ficar em vigília. Problemas da incivilidade decorrentes do dogmatismo, se bem que o maior problema era conter nossos colegas, 'o melhor de cada casa'. Isto é, em cada quarenta alunos da Escola Moderna, trinta eram desvalorizados

Sobre educação, política e sindicalismo

pelo restante dos professores da localidade como negligentes que o professorado escolástico não reduziu a golpes de palmatória e ao peso da bota, encontrando como única solução conduzi-los à porta, para abandoná-los como filhos da rua, na triste condição de crianças rejeitadas. No entanto, Vives soube tratá-los e fornecer-lhes o carinho que necessitavam. Precisamente, o mérito de Vives consistia em saber retificar condutas associais, em conter a infância impulsiva, em que pese a provocação de crianças, influenciadas pelo dogmatismo.

Quando a Escola Moderna foi fechada por pretensa carência de condições sanitárias (a higiene oficial não considerava a indecência de muitas escolas maristas) nós encontrávamos nosso elemento natural na alameda, no arroio límpido que contemplávamos com nosso mestre. Os tabiques da casa-escola iam-se anulando em nossa mente diariamente, suplantados pelas árvores, aves, perfumes, e as variadas cores. Em dia chuvoso tínhamos abrigo numa casa de algum centro operário. Numa família agradecida, desenvolvia-se a aula, sem ordem imposta, adaptando-se ao meio transitório. Tão logo saía o sol, Vives e nós saíamos de nossas casas carregando a merenda para reunirmo-nos junto à entrada da Escola (fechada), dirigindo-nos, posteriormente, para um local previamente escolhido, onde, às vezes, não faltava algum simpatizante acomodado que nos obsequiava com uma agradável merenda.

Sentimos a formosura de uma recordação amenizada pelo movimento das folhas, o vaivém dos pássaros e a bondade dos homens.

Não conhecíamos Ferrer Guardia, mas sim o espírito de sua iniciativa. Foi Cristobal Litran que veio ver-nos e José Casasola pronunciou inúmeras conferências em nosso meio, o espírito escolástico fora eliminado e acesa uma luz que víamos refletida nas publicações do 'Boletim da Escola Moderna' de Barcelona ou na 'A Escola Moderna de Valência'.

A rotina oficial mostrava-se muito agressiva com o não-deus de nossa Escola, reaberta posteriormente. É certo adotar tradições cegamente, dando as costas ao futuro? Não é absurdo preocupar-se em utilizar a carroça, existindo o avião? O exame das coisas, de fenômeno, a adoção de razões analíticas é matéria privativa de cérebros constituídos, das faculdades intelectivas experimentadas. Vives não combatia a Deus nem o exaltava; o desconhecia, o ignorava. Suas explicações eram fundamentadas na ciência e surgiam, naturalmente, perguntas sobre anjos, a sorte dos pássaros. O mestre nos comprometia com aquilo que podia ser comprovado e tocado, numa atitude profundamente diversa da que predominava, onde os contos de terror, o medo, tentavam ocultar o esplendor do dia.

O ambiente externo à escola é o mais nefasto ao pedagogo racionalista, pois lá a religião nacional é indiscutível, o conceito de pátria ou dinheiro são fetichizados. Enquanto isso, nossa escola procura enfocar a educação, mediante a razão demonstrada ou demonstrável, embora segundo a visão rea-

dicionais absurdas, que entrem em contato com o Diretor da Escola Moderna para preencher as vagas existentes.

Ferrer tinha ante si duas opções: a primeira, trabalhar pela transformação da escola tradicional, mostrando sua inadequação às exigências profundas do educando, da criança; a segunda, fundar novas escolas em que se aplicassem os princípios que levam à formação de uma personalidade autônoma, crítica e solidária.

Isso contrasta com a atitude monopolística do Estado em relação à educação, pois "os governos sempre preocuparam-se em dirigir a educação do povo e sabem melhor do que ninguém que seu poder está totalmente baseado na escola, daí a razão de monopolizarem-na cada vez mais" (p.55).

Ferrer reconhece ter passado o tempo em que os governantes se opunham à educação das massas e aponta as razões econômicas desse liberalismo: as máquinas e o modo capitalista de produção exigem, no mínimo, operários alfabetizados. Os governos estimularam a educação "não porque esperam pela educação a renovação social, mas porque necessitam de operários, instrumentos de trabalho mais aperfeiçoados para que se reproduzam as empresas industriais e os capitais nelas investidos" (p.56).

Para Ferrer, as classes dominantes esforçaram-se em conservar as crenças sob as quais repousava a disciplina social. Daí terem adaptado o conhecimento científico às instituições estabelecidas, levando a dominar a escola. O Estado, que antes governava a

---

cionária, tal sistema educacional conduza à corrupção das consciências infantis.

Tão importante é a verdade tradicionalista que, com dois mil anos de civilização cristã, a sociedade não conseguiu eliminar as guerras, as tiranias e a fome, provocada pela miséria intelectual e física de uma classe despojada, nem a angústia do amanhã, incrustada no mais íntimo de cada lar, embora haja abundância o suficiente para satisfazer a criatura humana.

Vives continuou ignorando o mito, apesar das perguntas sobre a criação, sobre a origem. Vários, continuamos ignorando-o, poucos superaram-no, deixando-se levar pela rotina; tal é parte da experiência de Vives Terrades meditada há cinqüenta e dois anos de distância."

Sobre educação, política e sindicalismo

escola por mediação da Igreja, assume a si o encargo da direção do ensino, assegurando-se pelos novos meios a difusão das escolas, a defesa de velhos interesses e princípios. Razão pela qual "nessa mutação tão unânime de idéias operada entre os dirigentes a respeito da escola, encontra motivos para desconfiar de sua boa vontade e sobre os meios de renovação que pretendem implementar certos reformadores" (p.57).

Para Ferrer, os reformadores educacionais padecem de uma doença tecnocrática, eis que estão alheios ao sentido social do ensino[23] e da escola, embora trabalhem pacientemente nas pes-

---

23 CARTA DE KROPOTKINE A FERRER publicada em *Solidariedad Obrera*, 1959, p.34-5.
"Sr. Dr. Francisco Ferrer, querido companheiro e amigo.
Observo prazerosamente que você está lançando a publicação L'ÉCOLE RENOVÉE e sinto não poder dedicar a essa publicação o apoio que desejaria prestar-lhe.
Tudo está para ser feito na escola atual. Antes de mais nada, a *educação* propriamente dita, isto é, a formação do ser moral, ou seja, o indivíduo ativo, com iniciativa, empreendedor, valente, livre dessa timidez de pensamento que caracteriza o homem educado em nossa época, ao mesmo tempo sociável, *igualitário*, capaz de sentir sua unidade com os homens do universo inteiro; portanto, despojado de preocupações religiosas, individualistas, autoritárias que a escola nos inculca.
Nesse sentido não há dúvida de que a obra da escola mais perfeita será obstaculizada enquanto a família e a sociedade não trabalham concordes com ela, mas a escola tem que reagir contra esses dois fatores. E pode fazê-lo pela influência pessoal dos que ensinam e pelo modo de ensinar.
Para isso, torna-se necessário criar, pouco a pouco, novas exposições de todas as ciências concretas em lugar dos tratados metafísicos atuais, societários, 'associacionistas' – em lugar de individualistas e dos tratados 'populistas' produzidos conforme o ponto de vista do *povo*, no lugar do ponto de vista das classes dominantes, que domina em toda ciência atual e sobretudo nos manuais escolares.
Em relação à história e economia social, não há o que duvidar a respeito desse domínio. O mesmo ocorre com relação às outras ciências, à biologia, à fisiologia, dos seres vivos em geral, à psicologia, até a respeito das ciências físicas e matemáticas. Tome-se, por exemplo, a astronomia: que diferença quando é ensinada do ponto de vista geocêntrico em relação ao ponto de vista heliocêntrico e do que será ensinada, do ponto de vista dos infinita-

mente pequenos que percorrem os espaços, cujos choques em número infinito produzem os corpos celestes! Ou tomem-se as matemáticas, quando são ensinadas como simples deduções lógicas de signos que perderam seu sentido original e que não são mais do que signos tratados como entidades e quando são ensinados como expressão simplificada de fatos que *são* a vida infinita e infinitamente variável da própria natureza. Jamais esquecerei a maneira com que o grande matemático Tchebycheff nos ensinava, na Universidade de São Petersburgo (após 1917, Petrogrado, hoje Leningrado), o cálculo integral. Quando escrevia os signos alusivos, dizia: 'Se tomamos em tais limites a soma de todas as variações infinitamente pequenas que possam afetar as três dimensões de tal corpo físico, sob influência de tais forças.' Quando falava assim, suas integrais eram *signos de coisas vivas da natureza*, enquanto que, para outros professores, esses mesmos signos eram matéria morta, metafísica e careciam de qualquer sentido real.

O ensino de todas as ciências abstratas, das mais abstratas até a sociologia ou economia, exige uma reconstrução para ser colocado ao nível que o estágio atual da ciência impõe.

As ciências progrediram imensamente no último século, porém seu ensino estacionou. Ele tem que acompanhar o ritmo do progresso científico para que o ensino não seja um obstáculo ao desenvolvimento do indivíduo e também porque o ciclo de instrução necessária ampliou-se de tal modo que, com esforço coletivo, é necessário elaborar métodos que permitam a *economia* das forças e tempo necessário para tal integração na atualidade. Em outras épocas, os que se dedicavam à carreira eclesiástica ou à administração pública eram aqueles que estudavam sem pressa, não se preocupando com a duração dos cursos, atingindo uma escolarização total de uns dez ou quinze anos. Agora, todo mundo quer estudar, quer ter acesso ao conhecimento e o produtor de riquezas, o operário, é o primeiro a desejá-lo. Não deve nenhum ser humano ficar à margem do saber vulgarizado, mas do profundo – por falta de meios ou tempo.

Hoje, graças aos progressos inauditos do século 19, podemos produzir o que necessitamos para assegurar o bem-estar de todos e, ao mesmo tempo, podemos proporcionar a todos a possibilidade de acesso ao conhecimento. Mas, para tal, torna-se necessário reformar os métodos de ensino.

Na nossa escola atual, formada para a criação de uma aristocracia do saber e dirigida, até o momento, pela mesma aristocracia sob a vigilância dos clérigos, a perda de tempo é colossal. Nas escolas secundárias inglesas, no tempo reservado para o ensino da matemática, dois anos são dedicados para os exercícios sobre a transformação dos *vardes bushels* e outras medidas inglesas. Em todo lugar, a história ensinada na escola se constitui num tempo absolutamente perdido, para apreensão de nomes, leis incompreensíveis às crianças jovens, guerras e mentiras convencionais. Em cada área, a perda de tempo assume proporções colossais.

Sobre educação, política e sindicalismo

quisas sobre a condição da criança, mas "essa indiferença profissional é prejudicialíssima à causa que pretendem servir" (p.57).

Para Ferrer, a escola serve ao poder e sua tendência é reproduzi-lo, pois os que detêm o poder "saberão reorganizar a escola conforme os novos dados da ciência para que nada possa ameaçar sua supremacia" (p.58). Ferrer mostra o "messianismo pedagógico" como uma mera ilusão, não cabe esperar muito da instrução: "ela produz ilusões" (p.58).

> Ter-se-á que recorrer ao *sentido integrado*, ao ensino que, pelo exercício da mão sobre a madeira, a pedra e os metais atinge o cérebro e ajuda seu desenvolvimento. *Chegar-se-á a ensinar a todos os fundamentos de todos os ofícios, de todas as máquinas*, trabalhando conforme certos sistemas preconcebidos, modelando a matéria bruta, fazendo por sua conta as partes fundamentais de todas as coisas e máquinas, o mesmo se dando com as máquinas simples e as transmissões de forças a que se reduzem todas as máquinas simples. Dever-se-á chegar à integração do trabalho manual com o intelectual que já predicavam o operário e a Associação Internacional dos Trabalhadores e que se realiza no momento em algumas escolas nos Estados Unidos e ver-se-á a imensa economia de tempo que se realizará com os jovens cérebros, desenvolvidos pelo trabalho da mão unida ao pensamento. Dessa forma, se encontrarão meios de otimizar o tempo no ensino.
> O campo do ensino é tão amplo que se necessita da colaboração de todas as inteligências livres das brumas do passado e orientadas para o futuro. Todas encontrarão aí uma imensa tarefa a ser realizada.
> Meus veementes desejos de êxito à *L'École Renovée.*
> Saudações fraternais.
> (a) P. Kropotkine."
> P. Kropotkine, príncipe russo, ideólogo do socialismo libertário, escreveu *História da grande Revolução Francesa* que revolucionou o estudo do tema, valorizando o papel dos levantes rurais no processo revolucionário; *O apoio mútuo*, demonstrando o papel da cooperação ao lado da competição na sociedade; *A conquista do pão, Campos, fábricas e oficinas*, mostrando o papel criador do trabalho produtivo e a importância das pequenas unidades econômicas como alternativa ao gigantismo organizacional-burocrático; *Origem e evolução da moral*, retratando a historicidade da moralidade e suas raízes sociais; *Em torno de uma vida*, autobiografia na qual retrata sua vida e especialmente o movimento "nihilista" russo no século passado, originado no meio estudantil rumo à "ida ao povo".

A instrução e o conhecimento, segundo Ferrer, de elementos de libertação na estrutura escolar atual transformam-se num poderoso meio de servidão nas mãos dos que detêm o poder.[24] Analisando a função professoral, Ferrer mostra que "os professores não passam de instrumentos conscientes ou inconscientes das vontades dos que detêm o poder de mando, eles próprios formados segundo os princípios dominantes" (p.58).

Para Ferrer, além da função da inculcação, a Escola mantém um *ethos* repressivo, oprime os opressores (professores), e os oprimidos (alunos) "são oprimidos de tal forma que só têm como solução a obediência" (p.59). Desde o primário, as crianças habituam-se à obediência, à crítica, a pensar, crer e obedecer conforme os dogmas sociais. Para Ferrer, a educação chamada progressista não permite à criança buscar livremente a satisfação de suas necessidades físicas, morais e intelectuais, mas sim de "impor pensamentos pré-fabricados, torná-la adaptativa ao mecanismo social" (p.59).

---

24 Felicitação inesperada. De Gregório Agligay, Bispo Máximo da Igreja Filipina Independente.
"Sr. Dr. Francisco Ferrer y Gurdia
Diretor da Escola Moderna.
Meu caro senhor. O meu delegado em Barcelona, Sra. Isabella de los Reyes, enviou-me amostras das magníficas obras que V. S. edita. Surpreendeu-me, por serem modernistas, científicas e civilizadoras. Se os filipinos tivessem estudado pelas ditas obras ao invés das obras embrutecedoras dos frades e jesuítas, que têm toda a hediondez de um nicho, instruir-se-iam em poucos anos o que não conseguiram durante quatro séculos, lendo os fanáticos 'dize tu, direi eu' de S. Tomás de Aquino e Santo Agostinho e outros que na sua época foram verdadeiros luminares da Igreja. Mas, como ensinar esses arcaicos princípios à juventude contemporânea? Uma juventude dos aeroplanos, do rádio e de muitos milhares de descobrimentos científicos. Queira, pois, aceitar as mais calorosas felicitações de nossa Igreja por seus louváveis esforços e martírios em prol do racionalismo. O Conselho Superior dos nossos bispos, composto de vinte e quatro prelados, concordou e quem subscreve essas linhas teve a honra de sancionar que sejam declaradas obras de texto em nossos seminários e escolas as *Ciências Naturais* e as *Ciências Físicas* de Odon de Buen, *Primeiras Idades da Humanidade* de Engerrand e *O Homem e a Terra* de Elisée Reclus. (VV. AA., 1909).

Tal "educação" é, segundo Ferrer, a tradução da "dominação". O saber opera como tradução do poder.

Nem prêmios, nem castigos

Para Ferrer, a educação racional opera como mecanismo de defesa contra os preconceitos e a ignorância a serviço do poder político e econômico. A Escola Moderna de Ferrer pratica a coeducação dos sexos, a coeducação das classes. Daí ela não procurar estabelecer novas *desigualdades*, daí não outorgar prêmios por "excelência" escolar, nem castigos, nem exames em que um se salienta, a média se conforma com a nota de "aprovado" e os infelizes sofrem o opróbrio dos incapacitados até a final exclusão do sistema escolar. São diferenciações extremamente reacionárias (p.63). Na Escola Moderna, procura-se desenvolver as faculdades da infância, sem sujeição a padrões dogmáticos, nem mesmo como síntese de convicções de Ferrer, seu fundador, e de seus professores. A finalidade é tornar cada aluno seu próprio mestre, enfrentando a existência com responsabilidade pessoal.

Nota Ferrer a pressão da chamada comunidade (especialmente pais de alunos) influenciada pela ideologia da *letra con sangre entra*. Estes solicitavam a ele e a seus professores que infringissem castigos e penas aos seus filhos, enquanto outros criticavam a Escola por não dar oportunidade ao filho para "brilhar" num exame.

Por que a Escola Moderna aboliu os exames

Ferrer vê nos exames atos solenes ridículos que satisfazem o amor-próprio dos pais dos alunos e a supina vaidade de muitos mestres, causando torturas nas crianças antes e depois. Ferrer critica aqueles pais que se preocupam com o fato de o filho não ter obtido 1º lugar na classificação dos aprovados, desconhecendo as angústias e ansiedades pelas quais passa o aluno antes e após as "provas".

Para Ferrer, a situação de exame é uma situação em que a criança está em confissões "forçadas", na qual se lhe obriga a retirar de sua fraqueza psicológica as forças intelectuais, sobretudo no âmbito da memória, para satisfazer o amor-próprio de alguns pais com grande prejuízo à integridade intelectual e psicológica do filho. A isso chama Ferrer de "miserável vaidade satisfeita à custa da vida moral e física da criança, pois os professores, na sua imensa maioria estereotipadores de frases feitas, inoculadores mecânicos mais do que *pais morais* do educando, o que mais lhes interessa nos exames é sua própria personalidade e seu *status* social" (p.65).

A situação de exame apresenta-se para Ferrer como um tribunal inflexível, onde o educando sofre tremendo interrogatório, constituindo o símbolo do atual sistema de ensino. Exame, prêmios e concursos escolares terminam com educandos carregados de diplomas e outros símbolos escolares. Ferrer critica a competitividade, mola do sistema de ensino que leva o educando a procurar *superiores* a admirar ou *inferiores* a desprezar. A procura de "ser mais do que os outros" pressupõe a expectativa da máxima aceitação do educando pelos professores ou familiares. Sem dúvida, nota Ferrer que há pessoas que nada fariam sem a expectativa de uma recompensa, mesmo simbólica. Tal expectativa é reforçada na medida em que o Estado distribui condecorações, elogios. Pergunta Ferrer: "há algo mais triste do que prêmios, concursos, exames, oposições?" (p.67).

A competitividade no ensino leva, segundo Ferrer, a excesso de trabalho intelectual e físico, que deforma as inteligências, desenvolvendo certas tendências e atrofiando outras. Qualquer preocupação, seja familiar seja pessoal, fica em segundo plano; "os candidatos sérios não devem aceitar distrações artísticas, nem pensar no amor ou na coisa pública, sob o risco de fracassarem" (p.67).

A existência do sistema de notas para avaliação representa, para Ferrer, flagrante injustiça, pois *sacramenta desigualdades*, "pois uma nota ou classificação determinada mudaria se certas condições mudassem" (p.67).

Ferrer propõe aos pedagogos que se dediquem

a inspirar amor ao trabalho sem sanções arbitrárias, já existem sanções naturais e inevitáveis. Sobretudo, evitemos fornecer às crianças a noção de comparação e medidas entre os indivíduos porque, para que os homens apreciem e compreendam a diversidade infinita que existe de caracteres e inteligências, é necessário evitar a figura da concepção imutável do *bom aluno*. (p.68)

A antiga pedagogia, segundo Ferrer, em concordância com a autoridade e a conveniência das classes dominantes e, portanto, destinada a formar alunos obedientes e submissos, não podia ser utilizada (p.71); nem mesmo os textos didáticos do laicismo francês, tão ferrenho inimigo do clero, que "substituía Deus pelo Estado, a virtude cristã pelo dever cívico, a religião pelo patriotismo, a obediência e submissão ao rei, ao autocrata e ao clero, pelo acatamento ao funcionário, ao proprietário e ao patrão" (p.71). Essa comprovação a tivera no contato com um burocrata da educação francesa, que, indagado sobre a existência de manuais despidos de erros convencionais, declarou francamente "que não havia um sequer" (p.72).

Por isso Ferrer opunha ao ensino religioso e ao ensino político o ensino racional e científico. Entendia por ensino político o ministrado nas escolas do Estado e por ensino racionalista o fundado na valorização da categoria trabalho. Daí escrever que "não devemos perder tempo pedindo a um deus imaginário o que unicamente pode dar-nos o trabalho humano" (p.74).

Preocupava-se em demonstrar às crianças a temática da alienação sobre a qual afirmava: "enquanto um homem depender de outro haverá abusos, tirania, escravidão. Daí tornar-se necessário o estudo das causas da manutenção da ignorância no seio do

POVO e a origem das práticas rotineiras que dão à vida o atual regime egoísta e competitivo" (p.74).

Pretendendo valorizar a cooperação em relação à competição, a solidariedade substituindo o egoísmo,[25] "suprimimos em nossas escolas (Escolas Racionalistas) prêmios, presentes, medalhas, que unicamente reforçam a fé em talismãs e não no esforço individual e coletivo de seres conscientes de seu valor e saber!" (p.75). Daí o caráter anticarismático da educação racionalista, ela ensina a "nada esperar de nenhum ser privilegiado (fictício ou real), porém podendo esperar tudo de si próprios e da solidariedade livremente aceita e organizada" (p.75).

---

25 "CONCURSO DE MATEMÁTICA – Considerada a maneira do que foi compreendido até o presente o estudo da aritmética, se constituindo num dos mais poderosos meios de inculcar nas crianças idéias falsas do sistema capitalista que tão pesadamente gravita sobre a sociedade atual. Daí a razão de incitar os alunos a atribuírem ao dinheiro um valor que não deve ter. A Escola Moderna abre um Concurso para a renovação do estudo de aritmética, convidando a que concorram aqueles que são amigos do ensino racional e científico que se ocupam de matemática, para a composição de um texto onde se encontram problemas fáceis, verdadeiramente práticos, sem utilizar a nomenclatura dinheiro, poupança ou lucro. Os exercícios deverão versar sobre a produção agrícola e manufatureira, a repartição racional das matérias-primas e dos objetos fabricados, os meios de comunicação e o transporte de mercadorias, comparando o trabalho humano ao mecânico e as vantagens das máquinas na utilização do trabalho. Numa palavra, a Escola Moderna deseja um conjunto de problemas mediante os quais a aritmética mostre sua feição verdadeira, a ciência da economia social, entendendo economia no seu sentido etimológico, boa distribuição.

Os exercícios terão como base as quatro operações básicas (números inteiros, decimais e fracionários), o sistema métrico, as proporções, os quadrados e cubo dos números e a extração de raízes quadradas e cúbicas.

Considerando que as pessoas que responderão a esse chamado inspirar-se-ão no sentimento altruísta de educar e ensinar bem a infância mais do que numa idéia de benefícios individuais e desejando romper com a rotina aceita nesses casos, não nomearemos um júri qualificador nem prometemos prêmios. A Escola Moderna editará a Aritmética que mais corresponda às suas finalidades pedagógicas e contactará amistosamente o Autor para a recompensa pelo trabalho" (Ferrer, s. d., p.67).

Sua valorização da solidariedade em detrimento da competição, do igualitarismo em detrimento dos juízos discriminatórios reprodutores de uma rígida estratificação social, seu natiburocratismo pedagógico, sua negação do sistema de notas e exame, esse batismo ritual burocrático, converteram Ferrer no pedagogo dos que pouco ou nada têm a perder porque pouco ou nada possuem.[26]

Referências bibliográficas

DOMMANGET, M. *Os grandes socialistas e a educação*. Ed. Europa-América, 1974.

FERRER, F. *La escuela moderna*. Ed. Racionalista, s.d.

FERRER, S. *La vie et l'oeuvre de Francisco Ferrer*. Paris: Librairie Fischbacher, s.d.

FRANCE, A. A instrução libertadora. *Revista Racionalista*, ano 1, n.3, 1 jun. 1911.

---

26 No Brasil, o movimento foi também importante, assumindo um caráter geral em São Paulo e Santos, Rio Grande do Sul e Curitiba com adesão das sociedades espanholas, atingindo também Santa Catarina, Espírito Santo, Bahia, Maranhão e Estado do Rio. Realizou-se uma manifestação a 17 de outubro com grande comício na sede da Federação Operária, do qual participaram estudantes, jornalistas, médicos, advogados. Tal o acúmulo de pessoas, que foi preciso continuar a reunião em praça pública. O cortejo percorreu as principais ruas com o retrato de Ferrer e do rei Afonso XIII, este último queimado no fim do comício. O comício contou com a adesão do Centro dos Marmoristas, Sindicato dos Sapateiros, União dos Alfaiates, Sindicato dos Tecelões, União dos Linotipistas, União Tipográfica de Resistência, Centro dos Empregados em Ferrovias, Centro dos Estudantes, Centro dos Acadêmicos, Centro Republicano Espanhol e Centro Republicano de Porto Alegre. Recebeu adesões por carta da Associação Comercial de Barra Mansa, Grêmio Operário de Proteção Mútua de Cachoeiro do Itapemirim; do Povo de Iguaçu, Estado do Rio, União Operária Internacional de Porto Alegre. No comício, deliberou-se a realização de uma reunião de protesto contra o governo espanhol no Largo de São Francisco e no dia 24 na sede da Federação Operária (VV. AA., 1909, p.11).

LORENZO, A. *Revista Racionalista.* ano I, n.1, 11 maio 1911.

MOURA, M. L. *Ferrer, o clero romano e a educação laica.* São Paulo, 1934.

REVISTA RACIONALISTA. Buenos Aires, ano 1, n.1, maio 1911; n.3, jun. 1911.

SOLIDARIEDAD OBRERA. Suplemento literário – Paris. n.676, nov./ dez. 1959.

VV.AA. *Número especial dedicado aos acontecimentos de Espanha e à obra de F. Ferrer.* Rio de Janeiro: Canton & Beyer, 1909.

Parte II
Debate

15
Quem está fora não entra, quem está dentro não sai*

O vestibular não é, certamente, o único e mais importante filtro da mobilidade social, controlando a ascensão das classes inferiores. Esse controle começa muito antes, na escola primária, como atestam os elevados índices de evasão escolar. Não faltam pesquisas a indicar que as possibilidades de aprovação de um candidato ao vestibular podem ser determinadas pela declaração de renda da família. Assim, com ou sem vestibular, a universidade continua reservada a extratos socioeconômicos bem definidos, quase a confirmar os "estatutos da gafieira" ditados pela sabedoria popular.

Deste debate, coordenado pelo Prof. José Goldemberg, presidente da Sociedade Brasileira para o Progresso da Ciência (SBPC) e ex-coordenador da Fuvest, participaram: Newton Cesar Balzan, professor da Faculdade de Educação da Unicamp e coordenador

---

* Publicado no *Folhetim* (suplemento da *Folha de S.Paulo*), 7 dez. 1980.

das Licenciaturas; Prof. Maurício Tragtenberg, da Fundação Getúlio Vargas; Prof. Isaías Raw, criador do Cescem, professor da USP e diretor da Fundação Brasileira para o Desenvolvimento do Ensino de Ciências; e Prof. Jocimar Archangelo, diretor do Equipe Vestibulares.

José Goldemberg – Este exame de ingresso à universidade – o vestibular – tem um duplo papel: limitar o número de jovens que fazem o curso superior e classificá-los segundo sua competência aferida, segundo certos métodos. A limitação do acesso é um problema típico de excesso de demanda sobre a oferta. A ascensão social é um dos únicos mecanismos remanescentes, na sociedade brasileira, para aumentar a renda, o que provoca um gargalo na entrada das nossas faculdades de direito, engenharia e medicina, principalmente. Enquanto a razão dos salários dos executivos de alta qualificação no Brasil para o salário mínimo é de cerca de cem vezes – isto é, um executivo de alto nível ganha cerca de cem vezes o salário mínimo –, ele dificilmente é maior do que um fator dez na maioria dos países da Europa, sem falar nos países socialistas. O salário de um engenheiro, ao se formar, é cerca de dez vezes o salário mínimo no Brasil, quando ele é apenas de duas a três vezes o salário mínimo no exterior. De modo que esse é o problema de ascensão social, que agrava de maneira tão dramática os vestibulares ao ponto de existirem, em geral, cerca de vinte a quarenta candidatos concorrendo por uma vaga nas universidades oficiais, que são gratuitas.

O problema da classificação envolve tecnicalidades, como das vantagens relativas dos exames de cruzinhas e exames discursivos. A idéia deste encontro é discutir o vestibular em si e não as deficiências do curso secundário ou a inadequação dos nossos cursos superiores. Em suma, nossa intenção é concentrar o debate nos problemas do próprio vestibular.

Convido meus colegas desta mesa a debruçar-se sobre o problema social que avassala centenas de milhares de famílias todos

Sobre educação, política e sindicalismo

os anos, enquanto a sorte dos seus filhos adolescentes é decidida nos vestibulares. É indispensável a existência do vestibular? Quais os sistemas que outros países adotam? Por que o vestibular provoca tais comoções no Brasil? Ele é realmente um método educacional de escolha dos mais competentes, ou apenas um disfarce da escolha dos mais ricos? Quanto influi o poder econômico nos vestibulares? São eles completamente honestos no sentido de dar oportunidades iguais a todos os candidatos? São as cruzinhas superiores a outros métodos menos objetivos de avaliação?

Os números da evasão escolar

Newton Cesar Balzan – Embora estejamos interessados em nos concentrar em torno do problema vestibular, as questões acima levantadas pelo professor José Goldemberg levam a outra pergunta: Quem é esse vestibulando? Quem é esse indivíduo que sobrou no final de um processo que já vem sendo seletivo há longo prazo? Para início, convém lembrar que, de mil alunos que entraram no primeiro ano do 1º grau, 96 chegam ao primeiro ano da universidade. Portanto, a esse vestibular estão concorrendo 9,6% daqueles que entraram na primeira série do 1º grau.

Então, eu gostaria de focalizar o problema partindo de um dado concreto, da realidade, não pretendendo evidentemente me reportar ao 2º grau, chorando sobre suas mazelas. Numa escola pública de 2º grau em que eu trabalho, além da universidade, entraram no começo deste ano, em fevereiro, 350 adolescentes para fazer a primeira série. Eu realizei uma pesquisa, no início do curso, para verificar quem eram esses indivíduos em termos de nível socioeconômico. Constatei o seguinte: 75% são filhos de trabalhadores manuais especializados e não especializados, o que demonstra que o extrato inferior chegou à escola de 2º grau.

165

E o mais importante a salientar é que desses indivíduos do extrato inferior, eu encontrei 13% que eram dos mais baixos escalões do extrato inferior, ou seja, os realmente pobres, vamos chamar assim. Entretanto, no 2º ano noturno da mesma escola, esses 13% já estavam reduzidos a 9%.

Durante este ano de 1980, houve uma tremenda evasão, a tal ponto que, no final do primeiro semestre, a população escolar (no início, 350 alunos) estava reduzida à metade. Agora, no final do ano, durante o mês de novembro, constatei que 120 alunos dos 350 iniciais estavam freqüentando as aulas. Foi realizado o primeiro conselho de classe na sexta-feira passada e eis o resultado: em quatro classes, correspondendo a mais da metade daqueles 350 iniciais, foram sete alunos aprovados. Passaram sete. Dezenove foram para recuperação e 44 que sobraram da evasão foram retidos, reprovados.

Neste momento, está se realizando o conselho em três outras classes do 1º colegial. Se ele trabalhar nos mesmos moldes do anterior, nessas três classes poderão ser aprovados mais sete alunos, no máximo. Então, nós teremos um total de quatorze aprovados dos 350 iniciais. Isso representa, eu fiz um cálculo aqui, 3,2% em aprovação. Bom, ficaram para recuperação dezenove alunos que, tanto professores como alunos, não acreditam que serão recuperados – portanto, é uma farsa, porque se a coisa não funcionou bem o ano todo, por que acreditar que eles sejam recuperados agora em Matemática, Física, Geografia etc., em quinze dias?

Conclusão: a massa, o povo chegou à escola pública do 2º grau, mas chegou praticamente analfabeto. Por que esses indivíduos foram reprovados, evadiram, desapareceram? Porque a cultura geral que eles trouxeram do 1º grau é tremendamente baixa. A cultura é baixa, a capacidade de raciocínio não foi estimulada e conhecimento eles não têm. Eu resumiria esta minha introdução com a seguinte observação: há uma falência no 1º grau. Reparem bem essa falência. Foram oito anos de curso, não são oito

Sobre educação, política e sindicalismo

meses, nem oito semanas, nem oito dias. Oito anos. Oito anos representam 5.760 horas-aula. E os alunos saem nesse estado de calamidade.

A essa falência do 1º grau está se somando, a meu ver, uma inoperância completa, uma irrelevância no 2º grau. Vejam bem, os professores do 2º grau não estão trabalhando com os alunos como eles são, mas como gostariam que eles fossem. O que mais assusta é o índice de reprovação, no caso da escola citada: apenas quatorze aprovados em 350. E a maioria desses professores, que trabalham com essas classes, eu os qualifico como realmente honestos e interessados no que fazem, porque conheço o seu trabalho e sei que estão preocupados. O mais grave é esse desencontro, que os leva a fazer um triste papel de reprodutores do sistema social vigente, que é absolutamente injusto. Então, você tem um paradoxo. Esses professores são pessoas honestas, interessadas e às vezes até capazes; mas estão fazendo o papel de reprodutores dessas relações socioeconômicas que estão aí, responsáveis em grande parte por essa evasão.

Ao fazer tais afirmações, corre-se o risco de deixar os flancos a descoberto e prestarmo-nos aqui a interpretações enviesadas, principalmente por parte da burocracia instalada nos órgãos de administração educacional. Então, eu gostaria de deixar bem claro que a solução, a meu ver, para esse problema do vestibular, não estaria nunca na promoção automática, por exemplo, ou em outras formas casuísticas, que viriam tapar o sol com a peneira. Acho até que são soluções desse tipo, como a promoção automática (o professor tem que aprovar tantos por cento, senão é mandado embora), que, afinal de contas, são responsáveis por esse estado de coisas.

Entretanto, eu não vejo como separar esse fracasso da escola pública de 1º e 2º graus do alijamento dos próprios professores de qualquer decisão de ordem administrativa e que diga respeito ao trabalho deles. Não é possível, também, separar esse grave problema da defasagem salarial dos professores, cujo salário real é diminuído cada vez mais. Exemplo: um professor de 1º e 2º graus teria que trabalhar trinta horas para pagar uma consulta a um dentista de alta categoria, no caso de precisar de um tratamento bastante minucioso.

Uma pesquisa que eu fiz com formandos da Unicamp revela que apenas 1,2% dos concluintes de graduação são originados do mais baixo escalão do estrato inferior. Então, vocês vejam como a coisa se combina. Mas para criar um problema e a gente poder discutir, eu gostaria só de terminar, lembrando que os que se formam em nossas universidades públicas são da classe média-média, também. No final, quem sai da universidade, eu estou me referindo à Unicamp especificamente, é a chamada classe média-média, nem média-alta não é. A chamada elite, o estrato superior, representa uma pequena fração dos concluintes da Unicamp. Só 0,6% de indivíduos localizados no cume mais alto da pirâmide social, isto é, os ricos de fato, os da classe dominante, por assim dizer, está concluindo a graduação na universidade em que eu trabalho. Portanto, o processo de seleção ocorre em vários níveis. O vestibular funciona como um gargalo, mas não é o único.

Uma idéia deturpada

Isaías Raw – A invenção do vestibular, há quinze ou dezesseis anos, foi aceita porque era uma preposição burocraticamente interessante, simplificava o problema. No nível da universidade, o vestibular tem uma série de funções que não podemos evitar. Uma delas é que o número de vagas tem que ser limitado. As vagas começaram a ser limitadas na Faculdade de Medicina, da USP. Quando se criou a faculdade, havia um compromisso de um certo número de lugares, de um certo número de microscópios, de um certo número de leitos no hospital etc. E no momento em que não há limites de vaga, não há compromisso por parte do poder de manter as condições adequadas de ensino. Não que

Sobre educação, política e sindicalismo

elas estejam sendo mantidas hoje, mas é o que garante que a universidade vai ter condições de ensinar. Essa é a função do vestibular. Mas o vestibular unificado surgiu com uma série de outras idéias. Uma é a adequação do vestibular ao término da escola secundária. O que nós propusemos, naquela ocasião, era praticamente um exame final de escola secundária. Não devíamos pedir mais do que a escola secundária devia ensinar. O devia ensinar, naquele momento, foi definido como aquilo que considerávamos matérias para o vestibular de Medicina – Ciências, Física, Matemática etc. E o impacto está aí. Ninguém mais pede no exame vestibular a classificação das esponjas, uma série de baboseiras de problemas de Física que só tem a função de ensinar ao aluno a fazer aquele problema e esquecer, porque nunca mais vai usar aquele conhecimento, ou uma série de detalhes que havia em Química, onde se decorava uma tabela para reconhecer íons. Mudou o conteúdo do vestibular e isso decorreu nitidamente de um esforço de tornar o vestibular uma arma para melhorar a escola secundária. E eu duvido que algum aluno norte-americano passe no vestibular em São Paulo.

Outra idéia era a de que não devemos fazer com que o aluno sofra do ponto de vista psicológico ou financeiro o ter que fazer dezenas de vestibulares. Nisso, encontrei um retrocesso. Quando nós instituímos o vestibular unificado, um exame valia para todas as faculdades de Medicina, depois de Farmácia, Odontologia, Veterinária que aceitavam o sistema. Então, um aluno podia fazer todos os vestibulares de uma vez só, sem se deslocar de cidades, porque nós tínhamos exames no interior, sem sofrer agressão psicológica de fazer dezenas de vestibulares.

Outro ponto importante era eliminar completamente a possibilidade de influência política, econômica – econômica agora não no sentido de quem vai fazer o vestibular, mas de alguém poder comprar o vestibular utilizando um sistema o mais automático possível. Então, o sistema era automático desde a impressão da prova até a correção do vestibular.

E outra idéia fundamental, que foi introduzida, era que o vestibular fornecia tantas informações para análise do quadro educacional e social brasileiro, que nós devíamos usar aquele material imenso para fazer pesquisa. Então, a Fundação Carlos Chagas, que mantinha o Cescem, despendia o dinheiro em pesquisa. E aí eu chamo a atenção a um ponto polêmico, extremamente importante: cobrávamos a taxa porque não pertencíamos a universidade e escola nenhuma, tínhamos que fazer o vestibular e manter a pesquisa relacionada com o vestibular. Dávamos isenção ao aluno que não podia pagar, através de um critério automático dentro do próprio computador. Hoje o vestibular passou a ser uma fonte de renda que está mantendo universidades ou outras instituições que usam esses recursos. Há pouco tempo, encontramos uma escola que abriu suas matrículas sem existir escola, porque sabia que com o vestibular montava a escola.

O vestibular devia ser uma espécie de exame de estado de fim de ano, que levasse as escolas públicas e particulares a ensinar adequadamente os alunos, e ser um filtro para dar ao aluno mais credenciado o acesso à universidade. O mais credenciado é um problema muito complicado. Claramente o aluno tem recursos além, acima da média ou acima do mínimo; pode comprar educação. Mas ele aprende. Não existe outro processo. Eu não gosto, mas não há forma legal de coibir isto.

O mais grave é que um número enorme de alunos que está entrando na universidade e não vai ter emprego está aprendendo uma profissão que não é profissão, para a qual a sociedade não demanda e a própria universidade não reestuda continuamente as suas metas, os seus cursos, o número de matrículas etc. etc.

O filtro econômico

Jocimar Archangelo – O vestibular realmente é um filtro, mas é um último filtro depois de uma série de mecanismos econômicos que vêm impedindo a grande maioria da população brasi-

Sobre educação, política e sindicalismo

leira de chegar a esse estágio. Quem chega às portas da universidade já é um privilegiado, e vai passar por, talvez, um penúltimo filtro, no vestibular. Atualmente, o papel do vestibular parece ser decidir quem entra nas escolas públicas. Desse pequeno estrato que chega à porta da universidade, entram para as escolas públicas as pessoas que já tiveram melhores oportunidades até ali.

O relatório da Fuvest do ano passado confirma o relatório da Cesgran-Rio dos anos anteriores, e coloca um perfil muito definido de alunos que conseguem as vagas nas escolas públicas. Então, são os que têm maior renda, são os que não trabalharam durante o curso secundário, são os que têm pais de melhor nível cultural, já de nível superior. São, de modo geral, os que já vêm privilegiados durante todo o período de formação.

O professor Balzan relatou uma experiência muito séria com os alunos dele. Deixa muito claro qual é o estrato que chega à porta da universidade. Os demais não vão conseguir entrar na universidade ou na escola pública e vão se dirigir para as escolas particulares. Quando o professor Isaías diz que o problema foi criado e que ninguém resolveu, penso que foi resolvido e da pior maneira. No período de Jarbas Passarinho, no Ministério da Educação, para resolver o problema dos excedentes criou-se o vestibular classificatório e abriram-se escolas particulares da maneira mais desencontrada possível, sem nenhum critério, sem nenhuma exigência maior.

Mais uma vez o filtro passa a ser econômico, porque as pessoas que não têm condições financeiras não conseguem a vaga a julgar pelo perfil que a Fuvest e a Cesgran-Rio divulgaram. Isso a ponto de a Cesgran-Rio esclarecer que é possível previamente se definir quais são os alunos que vão entrar, apenas pela declaração do Imposto de Renda do pai. Então, os demais vão sofrer novamente o filtro econômico e não o filtro do vestibular, porque em todas essas outras escolas não há dificuldade para entrar. O vestibular não é o filtro, o filtro é econômico, o filtro é a dificuldade de pagamento.

Escolhendo os escolhidos

Maurício Tragtenberg – Estou vindo do Congresso da União dos Trabalhadores de Ensino de Minas Gerais, que reúne os professores primários e secundários do Estado, e se realizou em Uberaba. Fui ver as condições de trabalho desses professores e a situação das escolas primárias e secundárias de Minas, principalmente de Uberaba, região desenvolvida. Estou sob o impacto de encontrar uma escola primária funcionando num chiqueiro adaptado. Chiqueiro é lugar de criação de porcos. Cada divisão do chiqueirinho corresponde a uma sala de aula, em que há uma professorinha com um quadro-negro em estado tão execrável quanto o da escola. E a diretora ainda me disse: "Olha, ainda temos uma classe pra criança-problema". E não bastasse isso, eu perguntei: "Bom, e os pais das crianças o que são? Que profissão têm?" – isso em Uberaba, região das mais desenvolvidas, terra do zebu. Disse-me a diretora: "Os pais são pedintes, pedem esmola". Então, vendo isso, não sei se, realmente, discutir o filtro do vestibular é a coisa mais urgente nesta terra.

O vestibular escolhe os escolhidos. Quem é escolhido econômica e socialmente tem potencialidades em termos de habilidade intelectual de verbalização, de raciocínio abstrato, de passar pelo chamado filtro aparentemente educacional ou cultural que é o vestibular. Eu acho qualquer seleção, em tese, execrável, especialmente educacional, porque ela mascara uma seleção social preexistente. Eu não posso falar em igualdade de oportunidades, sociedade aberta e que a educação é um dever do Estado, quando eu percebo que a educação apenas confere um poder simbólico a quem já tem poder real.

Em tese, eu seria pela supressão de qualquer vestibular. E vocês diriam, "mas, bom, nós teríamos recursos para dar uma qualidade de ensino a todo esse mundo de gente que vai direto às faculdades?". É muito simples: vamos retomar as verbas que a Usaid ofereceu a esta terra, depois de 64, para equipar as forças de segurança, e transferimos a rubrica de segurança para a educação. Não há grandes problemas. E acrescento: saúde. Aí então nós teríamos educação e saúde como, realmente, metas prioritárias. E teríamos menos cadáveres reais e menos cadáveres educacionais. Analisar vestibular significa analisar seleção. E a seleção se dá na história de vida da pessoa, quer dizer, se você tem capital econômico tem capital cultural; em tese, a não ser em casos de singularidade atípica. E eu estive comparando os dados interessantes, um estudo da equipe do Paulo Freire sobre como a escola forma os fracassados escolares numa estrutura seletiva. E isso não no Brasil, mas em países de capitalismo desenvolvido há uma relação muito direta entre reprovação e repetência e a origem popular ou operária do candidato.

Na França, por exemplo, o Ministério do Trabalho, em 74, dava estes dados: 77% de filhos de trabalhadores manuais e operários especializados terminam a escola com atraso, contra 16% de filhos de executivos. Outro dado interessante é o da Unesco de 70: 54% de filhos de operários são os atingidos pela evasão escolar e 13% de filhos de executivos. E outro dado também: é uma mentira dizer que a escola democratiza algo, ela reproduz uma sociedade de classes que a mantém para isso.

Um dado interessante de taxa de evasão no Brasil, ainda não publicado pela Fundação Carlos Chagas, diz que o nível de evasão escolar do 1º ou 2º ano primário atinge, no país, 60% dos matriculados. Então, percebo que o pobre não deve temer o vestibular ou o exame, não é isso que vai selecioná-lo. Quer dizer, não é através do mecanismo do exame que ele ficará à margem do sistema educacional. Eu acho que quem deve temer exame como elemento de marginalização é, realmente, a alta classe média, a classe média e a classe A. A classe C não tem nada a temer porque ela já está excluída da escola antes de chegar a esses exames.

Nós tínhamos uma universidade freqüentada por um público de elite e, de repente, depois de 68, o chamado *boom* universitário. Realmente, havia um modelo econômico em que um pequeno núcleo altamente produtivo, funcionando numa base de tecnologia sofisticada e importada do exterior, para produzir bens duráveis para uma minoria e esse setor requeria pequeno número de especializados. E as universidades que iam fabricar esse número de especializados, em geral, eram as universidades do Estado. Quem chega à universidade do Estado? É aquele que pode pagar um bom curso colegial. Então, há uma articulação entre um colégio de elite e uma universidade "gratuita", porque a universidade do Estado não é gratuita, porque todos os que produzem bens, todos os produtores da sociedade, estão pagando essa universidade. Só que aos benefícios dela é uma pequena minoria, uma pequena fração da sociedade que tem acesso. É uma articulação do colégio de elite com a universidade estatal "gratuita" e uma articulação da rede oficial de ensino, em que o professor é um proletário intelectual, que dá sessenta/oitenta aulas por semana, com o ensino particular, com essa indústria de ensino montada após 68 para aumentar a taxa de lucro de um capital imobilizado que existia na época e para resolver o problema da pressão social por vagas na universidade.

Temos, *grosso modo*, o seguinte: uma escola de alto nível, que prepara pessoas em termos de alto nível para mandar na sociedade, para as funções de mando nas empresas, nos institutos, para reproduzir as relações de dominação. E temos faculdades isoladas que funcionam em cada bairro, que fornecem apenas uma gratificação simbólica ao cliente que, geralmente, é um pobre, um diploma que nada vale. Essa é a grande mistificação que ocorre aí.

A seleção educacional mascara uma seleção socioeconômica preexistente. Ou, pior do que isso, procura legitimar, transformar o pobre num fracassado escolar e, por outro lado, expropriar o pobre das condições de saber, porque o pobre já é expropriado pelo seu trabalho nas condições de produção do capitalismo. E o

Sobre educação, política e sindicalismo

que acontece? A determinados ramos do saber ele não pode ter acesso porque para estudar Medicina, Engenharia ou Física não pode trabalhar, precisa ter tempo integral.

Isso é outra expropriação, de um conhecimento que tem uma origem social em que a universidade se converte num mecanismo de expropriação desse conhecimento para pequenos grupos, cuja condição básica de ter acesso a esse conhecimento é estar afastado da atividade produtiva. Eu diria, em termos mais simples, para nós aqui estarmos em torno de uma mesa discutindo os grandes problemas do vestibular, é necessário muita gente aí fora quebrar pedra em pedreira, dirigir ônibus dezesseis horas por dia, para que uma elite científica, intelectual possa, afastada disso, discutir os grandes problemas da educação nacional.

Iniqüidade organizada

Goldemberg – Eu gostaria de iniciar o debate fazendo uma observação sobre o que disse o professor Tragtenberg, mas que se aplica também ao que disse o professor Balzan. Várias das observações que farei, aqui, são realmente para provocar o debate, o que não significa que eu não acredite nelas, mas algumas delas se destinam especificamente a provocar o debate.

O que acho falho no seu raciocínio, ô Maurício, é que a sua visão da realidade nacional é extremamente negra. Quer dizer, com todos esses aspectos negativos da realidade nacional, existe uma classe média e grande no Brasil. Claro que existe uma classe pobre maior ainda, mas a classe média alta no Brasil possui cerca de dez a vinte milhões de habitantes, de modo que nós temos não um Brasil, mas dois Brasis. Um Brasil bastante próspero com dez a vinte milhões de habitantes. E são os filhos desses dez a vinte milhões de habitantes que vão à universidade, e eles se acotovelam nas portas das universidades, porque não conseguem entrar porque não há lugar para todos. E o fato de não haver lugar para todos acontece em outros países, também, o mesmo problema, só que enfrentado de maneira diferente do que é aqui no Brasil.

E aqui, queria falar duas coisas diferentes, que são complementares: a primeira é que nos números que o Balzan citou acerca de mortalidade, ao longo da carreira das pessoas que desejam atingir a universidade, é muito grande. Mas ela tem que ser muito grande! Seria realmente peculiar um país em que todas as pessoas que entrassem no primeiro ano do primário acabassem saindo no último ano da universidade.

Isso não ocorre em nenhum país do mundo porque é uma especialização de funções. De modo que é razoável que uma fração das pessoas se dedique a outras atividades. Isso ocorre em todas as democracias ocidentais, na Inglaterra, na França e, também, na União Soviética, em que a pessoa vai ser metalúrgica, vai exercer outras atividades na sociedade com grande dignidade. O que há é que o metalúrgico aqui ganha muito menos do que um engenheiro. Essa é a grande iniqüidade social. O fato de ele não ter direito a ter acesso à universidade deveria ser encarado de maneira mais ou menos natural, se a classe menos favorecida aqui não fosse tão desfavorecida.

Então, como há um problema social que o vestibular não consegue resolver, pessoas como o Isaías, que, há muitos anos, criou o Cescem, ou a Universidade de São Paulo, quando resolveu organizar a Fuvest, não pretenderam resolver um problema social, mas, sim, dentro da aristocracia, organizar um processo ordenado, um processo rigorosamente honesto, em que não há privilégios no mau sentido, no de comprar vaga, como nós já vimos acontecer algumas vezes na vida.

No vestibular, todos são iguais dentro da desigualdade. Mas ainda assim a igualdade se aplica a alguns milhões de habitantes, de modo que o esforço para organizar esses vestibulares é um esforço que não deve ser desprezado porque, a rigor, ouvindo o que o Maurício ou o Balzan disseram, a gente, realmente, acabaria fechando esses vestibulares e desistindo.

Sobre educação, política e sindicalismo

Uma nova escola para o povo

Balzan – Sem dúvida, a medida que permitiu à escola secundária receber todos os alunos, a que se referiu o professor Isaías, foi democratizante mesmo. Todo mundo está lembrado da coisa horrível que era o exame de admissão. O que critico, contudo, é que essa escola não fez nada por essa massa que, hoje, está no 2º grau, ao trabalhador que chegou à escola.

Da mesma forma, eu não pretendo que todo mundo entre na universidade. Mas, sim, que a escola de 1º e 2º graus dê à massa que estava fora da escola, e que hoje está estudando, algo positivo em termos culturais, que não ficasse no simples papel reprodutor, de homologação de uma realidade que já existia.

Reclamo que a escola não cria nada de novo para o filho de profissionais que chega à escola. Quem vai estudar é filho de trabalhador, gente que paga Imposto de Renda. Então, por que essa gente não tem escola decente? Por que é que precisa freqüentar uma escola construída em um chiqueiro de porcos, como narrou o professor Maurício Tragtenberg?

Raw – O vestibular é o vestibular e a escola primária e secundária é a escola primária e secundária. E nós temos de achar uma saída honrosa, decente, para a grande massa que tem que ter uma profissão. Alguém tem que cavar a pedra. Não adianta ser teórico, o que eu quero ver é o problema concreto. Por outro lado, este país está numa situação econômica, tecnológica, cultural calamitosa. Em quem é que se vai gastar o dinheiro do Imposto de Renda do pobre? Naquele que vai ficar oito anos na universidade e não terá condições de ser nada? O fato concreto é que se eu dou o poder a cada um de vocês sentados aqui para decidir o que é melhor para o país, o melhor será o aluno potencialmente melhor; não tem saída.

E nem isso garantirá nada. Ou seja, o privilégio de ser médico, hoje, não garante nada. O que ninguém diz para a meninada que está fazendo vestibular na faculdade de Medicina é que o médico hoje é um empregado de tempo parcial que ganha vinte mil cruzeiros – não é só o médico da avenida Faria Lima, que representa 1% da classe médica ou menos. O médico é um sujeito que, na melhor das hipóteses – se ele tiver muita sorte e pistolão, porque não tem Cescem pra isso – ele vai arrumar dois empregos para ganhar quarenta mil cruzeiros.

Tragtenberg – Eu não queria dar uma visão assim tão cinzenta do país. Eu acho que o país está sempre à beira do abismo, mas ele é maior que o abismo, sempre. (*risos*) O que eu queria situar é que os problemas de reforma de educação, nos países civilizados, discutem-se publicamente e a comunidade toda participa. E no Brasil as reformas educacionais, em geral, são assuntos de gabinete, embora elas tenham uma repercussão tremenda sobre a estrutura da escola e as relações aluno–professor. Então, o que ocorre no Brasil é um certo maltusianismo intelectual. A classe média alta é uma coisa respeitável, mas eu acho que também os cento e tantos milhões que formam a população toda têm um peso e o problema dessa gente hoje está tão terrível, que não se trata de comprar um diploma, mas de comprar feijão.

A seleção existe em termos econômicos, sociais e culturais na Inglaterra, França e União Soviética também, sem dúvida nenhuma. Inclusive, eu tenho uma pesquisa de uma socióloga polonesa que revelou um dado importante. Muito antes do Walesa e os operários poloneses mostrarem que quem está no poder é alguém que fala em nome deles, mas que não são eles, essa socióloga polonesa chegou a alguns dados sobre o acesso à universidade. E esses dados mostram que a maioria dos alunos que estão na universidade polonesa são filhos ou de comerciantes ou de burocratas do Estado, enquanto o operário ou o filho do operário ainda continua ao deus-dará, esperando um dia chegar à universidade.

Agora, o que há hoje, no Brasil, é um processo que eu chamo de assalariamento dos colarinhos brancos. Hoje, o engenheiro, ou médico, ou advogado, ou arquiteto, realmente, tendem a se converter em profissionais assalariados. Vejam o caso do arquiteto. Há uma concentração de capitais, na área, de modo que os grandes escritórios de arquitetura de São Paulo é que empregam os arquitetos, poucos arquitetos. A mesma coisa ocorre com as grandes construtoras. Então, é claro que essa classe média que não se proletariza (ela não entra na fábrica), mas ela se empobrece e torna-se assalariada, já não é realmente a antiga classe média, que tinha compromissos maiores com uma oligarquia ou coisa que o valha. Por isso que até médico chega a fazer greve, não é?

Voltando ao nosso problema, eu não estou invalidando os esforços em estruturar um vestibular que realmente, do ponto de vista formal, obedeça a critérios de imparcialidade, de racionalidade etc. Absolutamente não é isso, não. Apenas a minha colocação é a seguinte: que o problema do vestibular é importante ser visto dentro do problema da educação como um todo e esta, por sua vez, não pode estar dissociada do quadro socioeconômico. Não é que a gente vai resolver isso mesmo porque aqui no país nós temos uma relação geralmente assim: muito saber sem poder e muito poder sem nenhum saber. Nas sociedades capitalistas chamadas democráticas, a estrutura diferencial de classe leva a uma estrutura diferencial do saber, sem dúvida. Agora, nas sociedades burocráticas, em que há uma estratificação diferencial, há uma estrutura diferencial de saber, também, sem dúvida nenhuma.

Eu tenho medo, digo com sinceridade, de tudo o que concentre poder na mão de um só, na mão de pouca gente. Portanto, eu tenho medo da concentração de saber também em muito pouca gente, porque eu tenho muito medo daquilo que o Comte chamava Pedantocracia, quer dizer, a chamada ditadura científica, que é a pior de todas as ditaduras. Ela é exercida pelo braço secular e apoiada em tecnocratas "com boa consciência", que conseguem tranqüilamente penalizar até a classe média-média, e a média-alta, com a redefinição de Imposto de Renda, e dormir tranqüilamente achando que, realmente, cumprem uma missão de salvação nacional. Então, é preciso ver quem vai salvar a Nação deles. O problema dos salvadores é esse.

Rediscutindo as prioridades

Goldemberg – Eu queria aproveitar para perguntar ao próprio Maurício sobre o problema da alocação de recursos para as diferentes atividades dentro da sociedade, inclusive para a educação. A Constituição determina que os municípios dediquem, creio, 20% do seu orçamento à educação. E há municípios que fazem isso com grande sucesso. São Bernardo é um município em que o ensino primário é sustentado integralmente pela Prefeitura que, além de dar ensino, ainda dá comida. E no Estado de São Paulo, cerca de 3,5% do orçamento do Estado são aplicados em educação superior aqui.

A pergunta que eu queria fazer é a seguinte: tudo é prioritário, não é? Mas a discussão de prioridades, que acaba de derrubar o ministro da Educação, claramente mostrou que, aos olhos do sistema atual, a educação superior não é tão prioritária assim. Um aumento entre quatro e sete bilhões de cruzeiros, na verba do Ministério da Educação, bastaria para resolver a greve dos professores. E esse dinheiro não foi concedido, ao mesmo tempo em que são investidos quatrocentos bilhões de cruzeiros nos programas da Eletrobrás, sessenta bilhões no programa nuclear e por aí afora.

E a dificuldade que eu vejo, Maurício, é que essas prioridades são fixadas por grupos muito pequenos de pessoas, refletindo, naturalmente, os vieses e os preconceitos dessas pessoas. Bom, como é que se atribuem prioridades num sistema mais aberto? Você podia me dar uma idéia?

Tragtenberg – Primeiro, quero lembrar que o município de São Bernardo tem uma arrecadação que supera cinco estados do

Nordeste. Ele é uma singularidade atípica pela alta concentração das grandes unidades empresariais da indústria automobilística.

Se você pegar, fora o ABC, a média dos municípios brasileiros, verá que eles estão à míngua, porque eles não arrecadam nada – toda a arrecadação de impostos ou é estadual ou é federal. Eles não têm praticamente recurso algum de auto-sustentação, especialmente se o prefeito não aderir ao PDS. Então, na realidade os municípios brasileiros há muito tempo têm uma autonomia retórica, e não uma autonomia real, porque financeiramente estão dependentes ou do Banespa ou do Banco do Brasil.

Por outro lado, um colega da Unicamp, da área de economia, mostrou que para recompor a perda salarial dos professores universitários, só durante o governo paulista atual, precisaria haver um aumento de 150%. A resposta é que não há recursos. Por quê? Porque o problema é que quem estabelece a política educacional no Brasil não é o MEC, é a Seplan (Secretaria de Planejamento da Presidência da República). Você colocou que há recurso para a Nuclebrás. Por quê? Porque a política nuclear é a política de poder – tudo que aumente o poder do Estado sobre qualquer segmento da sociedade; para isso há recursos.

Por isso é que eu expliquei: se um décimo das verbas da Usaid utilizadas no Brasil para a área de Informação e Segurança fosse aplicado em Educação, teríamos os problemas do 1º e 2º graus praticamente resolvidos, sem grandes dificuldades. Mas se formos rediscutir prioridades, nós teríamos que redimensionar a serviço de quem o Estado se coloca e as relações do Estado com o conjunto da sociedade; temos que ouvir os grandes mudos, que são justamente as comunidades, às quais só se apela em época eleitoral.

Então, rediscutir prioridades significaria abrir o sistema político brasileiro, em primeiro lugar, porque a discussão de prioridades antes de tudo é problema político, é problema de relações de poder. Aí então nós poderíamos ter a liberdade de discutir amplamente se saúde e educação são prioridades e, em educação, que áreas são prioritárias. Porque eu acho o seguinte: o problema não é colocar todo mundo na universidade, por princípio – sem dúvida, se o cidadão tiver interesse em uma carreira técnica, tudo bem. Mas, acontece que, na estrutura atual, a escola técnica e o curso profissionalizante cada vez mais se transformam em escolas de pobre e, mais do que isso, formam um cidadão obediente e respeitoso à hierarquia, ao poder, em vez de lhe dar uma qualificação para o exercício de alguma profissão. Nesse sentido é que eu digo que a educação é acima de tudo um problema político.

Goldemberg – Vamos tentar, talvez, mudar o eixo da discussão, perguntando ao Jocimar da sua experiência com milhares de estudantes em um cursinho. Quais são as aspirações deles? Eles trabalham de dia, estudam à noite e pretendem com isso ascender socialmente ou estão lá porque foram forçados pelos papaizinhos a fazer um cursinho, porque senão eles não entram na universidade?

Por um lado, os cursinhos são descritos, às vezes, como umas máquinas terríveis, que deformam a capacidade criadora dos estudantes. Por outro lado, segundo eu ouço falar, os cursinhos dão a única oportunidade na vida em que o estudante estuda, porque ele não estuda nem no primário, nem no secundário, nem estuda dentro da universidade.

Archangelo – Primeiro, o cursinho é evidentemente fruto da falta de vagas para as boas escolas. Então, você veja, o professor Isaías Raw se remeteu aí aos dezesseis anos de experiência com o Cescem, mas o vestibular já tem no Brasil setenta anos, me parece. Desde que houve um número maior de candidatos para as vagas da Politécnica no Rio, me parece, criaram-se os vestibulares e automaticamente os cursinhos.

Eu acho que os cursinhos, de modo geral, merecem essa fama que têm. Quando o professor Tragtenberg fala na diferença que existe entre aprendizagem e memorização, parece-me que a grande maioria dos cursinhos está estritamente preocupada com a memorização. Por quê? Porque no vestibular, quando se fala em seleção, trata-se de seleção a partir de uma lista de conteúdos.

Embora nos programas fale-se em habilidade, em capacitações outras, em aptidões e tal, na realidade o que se pede são apenas conteúdos, uma lista de conteúdos. O que se faz é uma série de questões a respeito de tais e tais assuntos, não é? Então os cursinhos, de um modo geral, apenas procuram levar o aluno a memorizar determinados conteúdos que são os mais pedidos no vestibular.

Quanto às aspirações dos alunos que estão no cursinho, a grande maioria está lá buscando esta ascensão social que só a universidade permite seja atingida. Além da universidade, você poderia citar mais dois ou três caminhos, como as artes e o futebol, que permitem ganhar mais financeiramente ou ganhar um outro *status* dentro da sociedade. Geralmente, essas são as aspirações dos alunos de cursinho. Dificilmente eles estão obedecendo a uma pressão familiar.

Um grande contingente dos alunos do cursinho, vale lembrar, são do curso noturno. Nós temos, por exemplo, no período da manhã, os alunos que vêm dos colégios de elite, que já estão articulados com as melhores escolas, com a Universidade de São Paulo, ou a Unicamp. No período da noite, geralmente o grande contingente é do pessoal que trabalhou durante todo o período que fez o secundário, encontrando no cursinho uma oportunidade de aprender aqueles conteúdos básicos que serão pedidos no vestibular. Quer dizer, é sua única oportunidade de se equiparar aos alunos que fizeram os bons colégios, que puderam apenas estudar e que tiveram, além disso, toda uma vida cultural muito rica.

Mas todos eles têm aspirações ligadas à escola pública, à Universidade de São Paulo, à Unicamp, mesmo aqueles que notoriamente não terão condições de fazer o curso, por problemas financeiros, que são bloqueados não por falta de condições intelectuais, simplesmente por falta de condições materiais. Mesmo esses têm uma grande aspiração pelas escolas de Medicina, de Engenharia, por cursos que não podem ser feitos à noite, que só existem durante o dia. Eles só desistem na hora da inscrição, eles só mudam de opção na última hora.

Aproveitando, gostaria de colocar uma pergunta. Lembrou-se, aqui, da falta de correspondência entre a universidade e o mercado de trabalho. Os senhores acham mesmo que deve haver essa correspondência?

Quem educa os educadores

Raw – Eu acho que a universidade não serve tão-somente ao mercado de trabalho. Mas é uma loucura fazer o que o Peru fez: lá, todo motorista de praça é radiologista; em São Paulo, todo motorista de praça vai ser arquiteto. Não estou dizendo que a função da universidade é perguntar à IBM o que ela precisa aquele ano. Mas tem um limite. E já que existem dez faculdades de Arquitetura, será que a função da Universidade de São Paulo é manter uma Faculdade de Arquitetura igual às outras nove em tese?

Tragtenberg – A dissociação entre universidade e mercado de trabalho está ligada ao próprio regime econômico. Eu acho que numa economia planejada a adequação da universidade ao mercado de trabalho é maior, embora eu ache, também, que é impossível a universidade funcionar em termos de mercado de trabalho, cujas exigências mudam muito rapidamente.

Nós temos determinados processos de formação profissional em que se valoriza, por exemplo, determinada área que atinge mil pessoas, desvalorizando-se ocupações que atingem vinte mil pessoas. Por exemplo, na área de processamento de dados exigem-se analistas de sistema e programadores altamente qualificados que são, portanto, muito valorizados. Mas, ao mesmo tempo que se valoriza muito essa função, desvaloriza-se demais, por exemplo, a função de perfuratriz de cartão. Logo, valoriza-se

Sobre educação, política e sindicalismo

o trabalho de algumas centenas e desvaloriza-se o trabalho de alguns milhares.

Por isso, na medida em que o mercado de trabalho é dinâmico e muda, a universidade não pode ser uma mera agência de adequação a esse mercado de trabalho. Agora, é claro, ela tem que considerar que está inserida no modo de produção, numa realidade socioeconômica, sem dúvida nenhuma. Mas aí, novamente, coloca-se o problema: quem educa os educadores? Quer dizer, quem define a política educacional? Quanto menos os interessados e os objetos dessa política educacional participarem das definições, maiores serão o retardamento e a desfunção da universidade em relação ao todo social, porque a sociedade é moderna e os padrões acadêmicos estão saindo da Idade Média. Esse é um dos grilos da questão universitária não só aqui, mas no mundo todo.

Esvaziamento dos cursos técnicos

Goldemberg – Muito bem, nós temos algumas perguntas aqui na mesa, formuladas pelo auditório. Ao professor Isaías Raw, pergunta de Vera Guimarães: como seria fazer um vestibular igual para escolas públicas e particulares?

Raw – Eu vejo como um trauma financeiro e psicológico muito grande pedir a cada um que faça um certo número bastante grande de vestibulares. Por outro lado, a alternativa é um vestibular unificado, que permite uma série de soluções. Por exemplo, no meu tempo, os alunos de São Paulo tomavam todas as vagas em Curitiba, o que era uma calamidade, porque nenhum estudante de Medicina em Curitiba exercia a função em Curitiba. Então, nós resolvemos que o exame de São Paulo não era válido para o Paraná, ao mesmo tempo em que fizemos coincidir as datas dos exames. Era uma decisão arbitrária, tomada não pelo governo, mas por um grupo que tomou uma medida de caráter público. Portanto, eu acho que se pode fazer uma porção de coisas desde que os vestibulares sejam unificados. E a nível estadual, mantendo-se, assim, a população de cada estado nas suas respectivas universidades, e criando uma situação de fato onde os melhores conquistassem os melhores lugares.

O problema entre o saber e o trabalho

Goldemberg – Pergunta de Antônio Rodrigues, ao professor Maurício Tragtenberg: Se houvesse valorização da mão-de-obra semi-especializada e não-especializada, haveria corrida aos diplomas?

Tragtenberg – Há corrida a diplomas mesmo sabendo que, realmente, eles têm um mero valor simbólico em termos do real; em termos financeiros, o valor desses diplomas está na razão inversa do que foi despendido pelo candidato. A pergunta fala em valorização da mão-de-obra semi-especializada e não-especializada, colocando, portanto, um problema entre o saber e o trabalho. O que ocorre é que as estruturas de trabalho, no nosso mundo, são profundamente burocráticas e hierárquicas e a elas se acoplam, aparentemente, estruturas de saber diferenciadas.

Então, o que ocorre é que você tem numa firma, por exemplo, um engenheiro com um conjunto de noções mas que, de prático, pouco tem. Daí ele encaminha um determinado desenho ao operário – isso tem acontecido muito de construção de uma máquina, em que fica em aberto uma parte do desenho, para que o operário, com a sua prática, preencha aquilo que o engenheiro diplomado, mas sem a prática, não preenche. Então, esse desenho fica sujeito ao crivo da prática do trabalhador.

Muito bem. Esse trabalhador, que complementa com seu saber prático aquele saber acadêmico do engenheiro, não recebe mais por isso, absolutamente. Ele continua recebendo o seu salariozinho de subdesenvolvido. Se houvesse valorização de

Sobre educação, política e sindicalismo

mão-de-obra especializada e não-especializada, realmente, a corrida aos diplomas eu acho que diminuiria bastante.

A proliferação dos cursinhos

Goldemberg – Ao professor Jocimar Archangelo, uma pergunta de Antônio Fragari Filho: O senhor concorda que o péssimo ensino de 1º e 2º graus é que favoreceu a criação e a conseqüente proliferação de cursinhos como o seu?

Archangelo – Eu concordo, mas não que este seja o motivo principal. O motivo fundamental da proliferação de cursinhos foi o crescimento do número de candidatos e a estagnação do número de vagas. Embora em São Paulo sobrem vagas numa série enorme de escolas, todo mundo pretende entrar na Universidade de São Paulo, por exemplo, nas escolas públicas, que são as de maior *status*, são as melhores e são gratuitas, não é? Bom, as vagas na Universidade de São Paulo estão congeladas desde 64. Desde 64 não se aumenta uma vaga na USP.

Então, proliferam os cursinhos, como um efeito dessa situação. Cada vez, de ano para ano, o número de candidatos para cada vaga pública aumenta. É claro que o problema do ensino de 1º grau também ajuda. Estamos criando essa situação em que os alunos, de modo geral, já estão desistindo de estudar durante o 2º grau, dizendo: "Bom, agora é só para passar de ano. No cursinho é que eu vou estudar".

Criou-se um mito em torno do vestibular, em torno do cursinho, que me parece profundamente danoso à formação, à educação dos jovens brasileiros. Como diz o Tom Jobim, este país está tão de cabeça para baixo que se está utilizando o vestibular como forma de pressão para o ensino de 1º e 2º graus. O próprio professor Isaías Raw lembrou aqui experiências do Cescem, em que se faziam exames práticos para forçar as escolas de 2º grau a terem cursos práticos, a se modificarem.

Eu acredito até que essa pressão do vestibular conseguiu algum sucesso quando se modificou o tipo de questão, passando para os testes de múltipla escolha. Houve uma certa proliferação danosa na utilização do teste de múltipla escolha, como único instrumento de avaliação do aprendizado dos alunos desde o 1º grau.

Educação reflete o sistema político

Goldemberg – Valdemir pergunta ao professor Newton Balzan: Por que houve esta modificação no ensino de 2º grau do Estado, dividindo em áreas primárias, secundárias e terciárias, colocando-se matérias técnicas que não dão base nenhuma para o vestibular? Como exemplo, na área terciária foi introduzido o ensino de Contabilidade, diminuindo o número de horas de Matemática. Por que não excluir as matérias técnicas e ensinar melhor as matérias que dão base para o vestibular?

Balzan – Chega a ser engraçada a situação que surge a partir daí. Como essa modificação de gabinete não foi acompanhada por formas práticas e mais contingentes, a coisa caiu numa verdadeira palhaçada. Um colega meu está fazendo uma pesquisa com ingressantes numa universidade particular, e perguntou a mais de mil estudantes qual a habilitação que eles fizeram no 2º grau, primário, terciário, secundário, ou o nome específico, laboratorista etc. Vejam bem, chega a ser engraçado; simplesmente eles não se lembravam, eles não sabiam. Quer dizer, acabados de sair do secundário, onde fariam, obrigatoriamente, um tipo de curso profissionalizante ou de habilitação, eles simplesmente não sabiam o que tinham feito.

Raw – O Antônio Floriano me pergunta se não se deveria dar uma chance maior ao estudante pobre, que seria mais aplicado e eventualmente um bom profissional. É muito difícil. Eu acabei de sair de um curso de Medicina, lecionei cinco anos nos Estados

Unidos. Nos primeiros anos o objetivo era formar um médico para gente pobre. Então, a idéia era que quem vai ser médico em lugar pobre é pobre. No primeiro ano, foi selecionada uma série de estudantes, com critérios honestos, mas preferindo gente que morava em lugares mais pobres, tipo Harlem. E o resultado é que esses alunos foram trucidados pelo sistema e ninguém se formou. É muito difícil.

Infelizmente, foi falado por todo mundo, acaba se formando quem tem um *background*, o sujeito que aprende um pouquinho do pai, que tem livro em casa e, antes de mais nada, que teve comida quando era pequeno e teve um brinquedinho. Se não tiver um brinquedinho quando é pequeno, o sujeito começa a ficar meio burrinho já naquela altura. E é difícil corrigir isso, e nós sabemos. Não que eu seja favorável à discriminação, mas esse é outro problema. Como é que nós vamos dar o brinquedinho e colocar a comida na boca da criança é outro problema, que não está em discussão aqui.

É lamentável que loucos dirijam cegos

Goldemberg – Há uma pergunta final, de Antônio Rodrigues, que me foi dirigida. Dentro da estrutura política e socioeconômica da atualidade brasileira, quais seriam as medidas efetivas a serem tomadas para amenizar a situação?

Essa é uma pergunta difícil de responder, mas eu vou tentar. Vejam, dentro dessa estrutura, e sem alterações de caráter fundamental, eu acho que é perfeitamente possível dobrar as verbas da educação. Mesmo num sistema fechado de decisão, um pouco de esclarecimento desses tecnocratas permitiria a eles mesmos ver que aumentar a verba para a educação e pagar decentemente os professores, não só universitários como também secundários, aumentando um pouco o prestígio dessa profissão, que já foi mais elevado aqui no Brasil, isso poderia mudar não de uma maneira fundamental o estado das coisas, mas poderia amenizar extraordinariamente essa situação. Eu li, cerca de uma ou duas semanas atrás, uma declaração de um dos candidatos ao governo do estado em 1982, de que as verbas destinadas à Educação, no Estado de São Paulo, já são muito elevadas e que, portanto, é impossível aumentá-las. Ele se referia especificamente às verbas das universidades. E essa informação, a meu ver, é totalmente incorreta. As universidades do Estado de São Paulo, no momento, em 1980, utilizam cerca de 3,3% do orçamento do estado. E se essas verbas subirem para 6%, como já ocorreu no passado, cerca de seis ou sete anos atrás, está absolutamente dentro das possibilidades da própria classe média-alta que dirige este país.

De modo que aumentar as verbas dedicadas à educação é uma coisa possível dentro do atual sistema político. Desse ponto de vista, nós temos tido governantes e planejadores e economistas que são particularmente refratários a entender o próprio papel reprodutivo da educação. E eu acho que é uma desgraça em cima de outra desgraça, quer dizer, é uma flutuação negativa em cima de uma desgraça mais ou menos generalizada. Eu tenho a impressão de que aumentar as verbas da educação é possível dentro do sistema político atual.

Tragtenberg – Viu, Goldemberg, isso me lembra o Shakespeare. Em *Ricardo III*, ele inicia a peça dizendo: "É lamentável que na nossa época loucos dirijam cegos". *(risos)*

Goldemberg – O que, talvez, seja uma boa frase para encerrar esta mesa-redonda.

Parte III
Depoimentos

16
A escola é elemento de domesticação e não de libertação*

Jornal de Caxias – De que forma vês a educação no Brasil hoje e que circunstâncias históricas se deram para que se apresente desta maneira e não de outra?

Maurício Tragtenberg – A educação, enquanto sistema, não pode estar acima do desenvolvimento econômico e social de uma sociedade. A educação brasileira, período colonial e imperial, se definia prioritariamente na existência de Escolas Superiores, especialmente Medicina e Direito, que formavam os mandarins filhos de fazendeiros que faziam parte da elite do poder, os bacharéis que substituíam os patriarcas na direção das fazendas e do Estado. Esse mandarinato continuou sob a República, só que aos bacharéis de Direito juntaram-se engenheiros, economistas como assessores do poder e os militares passaram do "poder indireto", exercido no país desde a Guerra do Paraguai até 64, ao

---

* Entrevista concedida ao *Jornal de Caxias*, Caxias do Sul, RS, 11 ago. 1979.

poder manifesto. O estamento militar solda hoje a aliança com as multinacionais, setor latifundiário da economia agrícola, alguns setores industriais sob a hegemonia do capital bancário. As mudanças que a educação sofreu nesse processo se deram com a necessidade de a industrialização possuir uma mão-de-obra que soubesse ler, escrever e contar, daí a difusão do ensino primário e secundário, que aparece como a meta do "Manifesto dos Educadores de 1922" e uma das metas da revolução de 30. Porém, com toda difusão da universidade, ensino médio após 64, especialmente das escolas pagas, criaram-se condições para a reprodução de um capital na indústria do ensino e ao mesmo tempo na criação de uma mão-de-obra barata saída das universidades e faculdades que existem nos bairros de São Paulo, Porto Alegre e Rio de Janeiro, onde o diploma confere apenas um valor simbólico a quem o possui. Há uma inversão: os filhos das classes A e B que fazem os melhores colégios estudam em universidades gratuitas, caso de Rio e São Paulo, e os pobres pagam as particulares noturnas. Porém, o diploma conseguido pelo pobre a duras penas não tem o poder de promover sua ascensão vertical, ele não ascende socialmente, por isso geralmente se mantém na mesma ocupação. O Banco do Brasil está cheio de datilógrafos com diploma de graduação universitária.

A escola serve para reproduzir um capital na indústria do ensino e uma mão-de-obra barata

JC – Como pode ser explicitada a relação entre ideologia, poder e educação e entre comunicação de massas, poder e ideologia?

Tragtenberg – A relação entre ideologia, poder e educação pode ser explicitada na medida em que a escola é um elemento de "disciplinação" da futura mão-de-obra para as indústrias e para a burocracia de Estado. A burocracia escolar controla o professor através da *nomeação* e dos *mecanismos de carreira* e o aluno através do sistema de exames e notas.

Sobre educação, política e sindicalismo

No caso do professor, ele é controlado pelos mecanismos de nomeação na medida em que se exige dele um currículo *visível* – prova de desempenho como professor, pesquisas realizadas, artigos ou livros publicados –, porém o currículo *invisível* pode funcionar mais: uma simples opinião de uma eminência parda que pertença ao Serviço de Informações e Segurança que "assessora" reitorias, especialmente nas universidades federais e universidades de São Paulo, pode vetar uma contratação proposta e aprovada pelo departamento. É o chamado "currículo invisível" que pode condenar o mestre.

O controle do alunado se dá através do sistema de provas e exames, onde é medida a *conformidade* do aluno aos ditames do mestre, muito mais do que sua produção e criatividade. A escola funciona, nesse sentido, mais como elemento de *domesticação* do que como elemento de libertação e auto-afirmação. A burocracia universitária e ministerial oprime o mestre. Ele, por sua vez, tende a reproduzir essa opressão sobre o aluno: é a dialética do senhor e escravo de Hegel. O senhor oprime o escravo e ao mesmo tempo é escravizado pela máquina que ajudou a construir.

Outro aspecto da relação entre poder e educação é o fato de as medidas que afetam profundamente a educação serem tomadas com absoluta desconsideração pela comunidade acadêmica brasileira, por "sábios" que curtem mordomias em Brasília. Especialmente orgãos como o Conselho Federal de Educação, que se acostumou, nessa ditadura, a emitir *diktats* (ordens) de cima para baixo, desconsiderando interesses de professores e estudantes, porém a serviço dos grandes grupos empresariais privados que dominam a maior parcela da educação universitária brasileira e que transformam muitos desses conselheiros em simples *lobbys* (agentes de pressão) desses interesses particulares que predominam na condução da política educacional brasileira em detrimento do interesse público.

A relação entre a comunicação de massas e o poder se dá na medida em que a televisão se transforma num grande instrumento de "desconversa" dos problemas centrais da realidade nacional e de um novo narcótico para iludir e oprimir um povo já suficientemente explorado nesses quinze anos de "milagre brasileiro".

A televisão brasileira se constitui num grande elemento de *banalização* da realidade, onde a guerra civil da Nicarágua é tratada da mesma forma que uma notícia sobre o campeonato de futebol ou a corrida de Fórmula 1. Tudo no mesmo nível, sem *diferenciar* significados. Por outro lado, ela forma uma falsa imagem do ator e atriz de televisão, na maioria escravos da máquina televisiva, que os transforma em *marionetes*. De igual maneira, participam de uma novela sem maior significado, como de um anúncio comercial que prova que o homem de ação fuma cigarro de tal marca. No fundo, atores, atrizes e técnicos de televisão são novos mitos impingidos ao povo pelos donos dos meios de comunicação, que são os mesmos que cobram juros junto aos grandes bancos, exploram o trabalho operário nas fábricas ou do campesinato no latifúndio.

Por isso, a comunicação televisiva é uma falsa comunicação, é uma comunicação de *mão única,* onde a mensagem que interessa ao anunciante de um produto qualquer ou ao dono da TV é que aparece ao povo e esse povo não é ouvido, não tem voz, só conta como índice de audiência dos Ibopes da vida. Por isso, digo que a comunicação de massa é *repressiva,* ela se traduz por uma *ordem* dos donos do poder econômico e político fantasiada de programa recreativo. Ao mostrar os "enlatados" norte-americanos, ela reduz o mercado de trabalho do ator brasileiro e transmite ao brasileiro miserável do terceiro mundo imagens do mundo desenvolvido que ele nunca chegará a conhecer na sua realidade. Neste sentido, se constitui num acinte aos pobres.

Poderia a TV tornar-se um poderoso instrumento de conscientização e mobilização da maioria da população, mas para isso muita coisa necessitaria ser mudada na ordem econômica e social e isso não interessa aos detentores do poder econômico e político dominante. A eles interessa um público televisivo que *consuma* os produtos anunciados e fique embasbacado com o baixo nível dos programas que lhes são oferecidos e ainda aja como uma espécie de o *"escravo contente"* que acha que tem opção como espectador, que na realidade consiste em mudar de canal de uma besteira a outra. Na medida em que isso narcotiza o povo, reforça o poder de quem o explora: nenhuma classe dominante dispensou o ópio para legitimar seu poder. Hoje, a TV atua como ópio do povo. Em suma, quem contribui para iludir o povo, engabelá-lo, fazê-lo esquecer de seus problemas *reais* é um *antipovo*, está a serviço dos donos do poder.

A televisão brasileira banaliza a realidade. É repressiva e traduz uma ordem dos donos do poder, fantasiada de programa recreativo. É ópio do povo

JC – Que tipo de ensino estão recebendo os alunos do 1º e 2º graus e que comparação, que análise farias dele, antes e após a Reforma 5.692?

Tragtenberg – Toda ditadura, para não mudar nada, promove uma reforma da educação; assim foi a Reforma Francisco Campos com o Estado Novo, assim é a Reforma 5.692 do regime atual.

Antes de falarmos em qualidade do ensino de 1º e 2º graus, devemos ter em mente que, em muitos estados do país, o professor do 1º e 2º graus recebe *salário inferior a operário semiqualificado da grande cidade*. A feminilização da profissão de professor no 1º e 2º graus e seu exercício por uma maioria de professores leigos, sem formação universitária, estão ligados a um nível salarial tão baixo que se constitui numa vergonha nacional.

Podemos dizer que antes da atual "reforma" e depois da mesma, no 1º e 2º graus pouco mudou o nível qualitativo de ensino. Professores e professoras, proletarizados por salários aviltantes, ministram ensino nas escolas oficiais a uma clientela pobre: a escola oficial primária e média em nível nacional é a *escola do pobre*, enquanto a *particular* é a escola do rico. Na realidade, a escola contribui para acirrar a *divisão* das classes.

O pobre *não* precisa ter medo de ser *excluído* da escola pelo sistema de exames; no meio rural, às vezes *nem* à escola ele chega, na medida em que é mão-de-obra necessária às fainas rurais; basta ver o número impressionante de menores empregados da agricultura brasileira. Só o rico pode ter medo de ser excluído pelo sistema de exames. O pobre, ou não chega à rede escolar, ou se chegar a ela é excluído pela *evasão escolar* e larga o curso no meio por necessidade econômica. Sem uma profunda reforma agrária, falar de ensino rural é uma mistificação, da mesma maneira que, sem um aumento considerável do salário do operário urbano, falar de ensino público e universal para todos se constitui em outra mentira. No Brasil, quando nada se quer mudar, realiza-se uma "reforma" educacional, que na realidade é uma "restauração".

A preocupação com o ensino técnico e profissionalizante caminha nesse sentido: pobre fica no nível médio e sai técnico de grau médio para cumprir funções subalternas nas indústrias e nos escritórios: os filhos da elite e classe média-alta ingressam nas universidades, nos cursos que exigem tempo integral, como medicina e engenharia, na esperança de se tornarem agentes dos donos do poder e não funcionários assalariados. Pensam em se tornar profissionais liberais, porém, como já dizia João Cabral de Mello Neto, "as profissões liberais não se liberam jamais". O que se está assistindo é que, com o desenvolvimento do capitalismo no país, médico, arquiteto, advogado e engenheiro se tornam profissões assalariadas, estruturam-se em sindicatos e reivindicam melhores salários e condições de trabalho; nessa medida poderão ser aliados potenciais das classes trabalhadoras industriais.

Sobre educação, política e sindicalismo

Quando nada se quer mudar, realiza-se uma reforma educacional

JC – O processo de elitização do ensino é uma realidade, embora tenha aumentado o número de vagas. Aliás, os dados quantitativos são sempre mostrados como argumento contrário aos que falam da elitização. Como vês esses problemas?

Tragtenberg – O que se deu foi o seguinte: após as pressões sociais exercidas pela classe média para ingressar na universidade, o governo tentou resolver o problema dos "excedentes" (alunos aprovados em vestibular sem vagas na escola) permitindo a ampliação brutal das vagas através da difusão do ensino universitário particular no país. É que havia capital imobilizado que procurava retorno imediato na esfera do ensino particular, daí o investimento maciço da indústria no ensino particular em cursos que exigem professor, giz e cuspe, como Administração, Economia, Direito. Enquanto isso, o Estado investia em Engenharia, Física, Química e Medicina, que exigem equipamentos com gastos vultosos, isto é, com os recursos auferidos da exploração do trabalho sob o capital. Isto é desenvolvido de 1968 para cá.

A chamada "democratização do ensino", ou seja, a possibilidade de os capitais particulares terem rápido retorno na sua aplicação na indústria do ensino, integrou grande contingente de estudantes que, ao se formarem, tornaram-se, como arquitetos, professores, engenheiros, médicos, *mão-de-obra barata e abundante, sujeita às leis da exploração do capital através da condição de assalariados.* Houve um desenvolvimento no sentido capitalista do termo – em favor de uma minoria – e não um desenvolvimento social, em favor da grande maioria das populações que trabalham diariamente quatorze ou dezesseis horas para se manterem de pé no outro dia, para outra jornada de trabalho. É fácil ver isso: que importância tem para um mineiro de São Jerônimo um operário do ABC em São Paulo?

A elitização do ensino se dá na medida em que quem tem capital econômico tem capital cultural (sabe línguas estrangeiras, viaja ao exterior, compra livros caros); para este, a universidade confirma com o diploma um *poder simbólico ao poder real existente*. A universidade, numa sociedade dividida em classes, escolhe os escolhidos e rejeita os pobres; ela torna o pobre um "fracassado escolar".

Somente uma mudança profunda na área econômico-social e na distribuição desigual do poder existente hoje tem condições de uma democratização real da universidade. Como estender a toda a população o ensino universitário, se mais de 70% de seu contingente não chega a terminar o 2º grau? O problema educacional é aparentemente educacional. Na realidade é econômico-social e político.

Somente países que realizaram profunda transformação social e econômica – como o caso de Cuba, por exemplo – é que chegaram a universalizar a toda a população sem discriminação o ensino primário e secundário, caminhando para estender isso ao ensino universitário.

A universalização da educação em todos os níveis pressupõe a supressão de uma estrutura social baseada na desigual distribuição de renda, na separação entre mandantes e mandados. Apenas uma *real participação* dos assalariados nos processos de decisões fundamentais da sociedade permitirá uma democratização real do ensino. É impossível oportunidades educacionais *iguais* para todos se as oportunidades econômicas e sociais são *desiguais*. Por isso, mantida a exploração do trabalho pelo capital, a chamada "igualdade de oportunidades" garantida pela lei no acesso à educação se reduz a uma farsa, aquilo que o finado Vargas, que bem conhecia o Brasil, já dizia: ora a lei, ora a lei.

A universidade escolhe os escolhidos e rejeita os pobres. Ela torna o pobre um "fracassado escolar"

JC – Na universidade brasileira, que tipo de "saber" vem sendo ministrado? Como vês os conflitos entre estudantes via movimento estudantil e as administrações?

Sobre educação, política e sindicalismo

Tragtenberg – Devo dizer que a universidade brasileira, como qualquer outra, se desenvolve sob o signo da *contradição*. Em outras palavras: ela reproduz o *sistema* na medida em que forma pessoas da classe A ou B para assumirem posições de mando sobre os trabalhadores; ao mesmo tempo, é um espaço onde a *crítica* ao sistema se dá e a resistência também.

Devo dizer que a introdução de Estudos de Problemas Brasileiros, Educação Moral e Cívica e Organização Social e Política como matérias obrigatórias nos cursos de graduação e pós-graduação tem a função de formar os *legitimadores profissionais do poder.* Formar agentes que "eduquem" o povo dourando a pílula, mostrando que a "opressão" é benevolente, que o Fundo de Garantia por Tempo de Serviço é um Fundo para o trabalhador e lhe dá garantia ou que a Lei de Segurança Nacional não é para garantir a segurança do Estado e sim do indivíduo.

Isso tudo "inculcado" a uma população estudantil, abrandada e "docilizada" pelo 477, pela Lei de Segurança Nacional ou pelos estatutos universitários, que na derrogação do 477 já tinham incluído em seu seio seus preceitos repressivos. Nesse sentido, a universidade é antipovo, o povo nada tem recebido dela e tem muito a cobrar. Porque, para que a classe média e alta tenham lazer para o estudo na universidade, realizem seminários sobre "a realidade nacional", é mister que os trabalhadores nos centros urbanos trabalhem dez, doze ou quatorze horas por dia para garantir a existência de uma universidade voltada aos ricos e ociosos.

Exemplifiquemos com a Medicina; por aí veremos o tipo de "saber" que a universidade produz. Sem falar dos juízes que ela formou, especializados em aplicação na Lei de Segurança Nacional, nos economistas formados por universidades que mentiram ao povo a respeito dos índices reais de custo de vida em 74. É sabido que o Brasil é um país com muitos doentes, sem hospitais, enfermagem e poucos médicos, na sua maioria concentrados em áreas urbanas. A universidade tem ultimamente adquirido equipamentos sofisticadíssimos para formar médicos que lidam com doenças específicas das classes A e B – como o coração. As grandes doenças endêmicas – bócio, malária, o ressurgimento da tuberculose, as doenças sociais de massa – não são tratadas. É esse o tipo de saber que a universidade forma, a serviço dos privilegiados. Num país onde predominam doenças endêmicas típicas do século XIX europeu já erradicadas lá, formamos médicos com especializações altamente sofisticadas para atender a uma clientela altamente sofisticada também. Outro caso é o da Psiquiatria. Franco Basaglia, psiquiatra italiano de renome internacional, visitou Barbacena, grande "depósito" de "doentes mentais" em Minas, e *constatou que a maior doença não é a loucura, é a miséria*. O chamado "louco" em 90% dos casos é um homem carente de formação profissional, afeto e atenção. Seu confinamento não resolve, mas agrava o problema, torna-o um doente crônico. Ele é necessário para manter os hospitais psiquiátricos, a equipe de burocratas e para dar a impressão de que aquele que está além dos muros do hospício é "normal". Na realidade, o que está fora do hospício ainda é *produtivo* para a reprodução do capital, o que está dentro tornou-se *improdutivo* à reprodução do capital, em função de doenças sociais contraídas na maioria por péssimas condições de trabalho: ruído industrial, jornada extensa de trabalho, aumento da ansiedade e tensão nervosa em conseqüência de um urbanismo a serviço do capital. Essa é a razão pela qual Basaglia abriu os manicômios italianos, terminou com o confinamento dos "loucos" e se preocupa hoje em mobilizá-los na luta contra a *pobreza*, causa primeira da pretensa "loucura". O diagnóstico médico psiquiátrico tem função ideológica, ele *individualiza* a doença tornando o doente *culpável* da doença social e, ao mesmo tempo, tranqüiliza as "boas almas" que detêm o poder econômico e político que aquele "doente" não irá perturbálos. É o exemplo do célebre caso "Galdino", um camponês do interior paulista que curtiu oito anos de internação no depósito de doentes chamado "Hospital Psiquiátrico de Franco da Rocha", no Estado de São Paulo, sob o diagnóstico de "atitude paranóide".

Sobre educação, política e sindicalismo

Na realidade, era um camponês que possuía liderança na sua região e atemorizava os donos do poder, que conseguiram "interná-lo" como "doente mental". Como se vê, no Brasil também a internação psiquiátrica cumpre fins repressivos cobertos de aparência "médica" ou "científica". No mesmo sentido, constatou Moffat em sua *Psicoterapia del oprimido* estudando casos em Buenos Aires.

Uma real educação deve ser fundada num princípio básico: sem prêmios ou castigos

JC – Como poderias explicar a "pedagogia burocrática"? A quem está servindo?

Tragtenberg – Entendo por pedagogia burocrática um sistema onde os meios de controle se tornam fins, e os fins são esquecidos. Então, o Diário de Classe do Professor e o registro de faltas e notas são mais importantes que o curso ministrado ao aluno.

Da mesma maneira que o "professor-polícia" controla o aluno, o "diretor-polícia" controla o professor que, por sua vez, na esfera estadual, é escravo do delegado de ensino, na maioria das vezes preposto dos grupos de interesse privado que se articulam com o nome de Arena – vide a última discussão a respeito em Caxias do Sul sobre a nomeação de delegados de ensino sujeitos ao "curral eleitoral" da Arena local.

A pedagogia burocrática se caracteriza também por procurar, além de um controle totalitário de todos sobre todos, o conformismo em relação ao ensino recebido e transformar a avaliação e nota como novo "fetiche".

Uma educação competitiva que se preocupa em escolher o "melhor", o "primeiro da classe", esquece aquele que merece mais atenção: o "pior", o "último da classe". Ela reproduz, no plano da escola, as determinações socioeconômicas, ela transforma o pobre num desgraçado escolar, pune-o diretamente com a reprovação e indiretamente tornando-o um evadido escolar;

premia o de classe A, aquele que não precisa de reforço. Uma real educação deve ser fundada num princípio básico: sem prêmios ou castigos. Quem é bom já é bom por si mesmo, não deve ser premiado; quem é "carente" não deve ser castigado, deve merecer a maior atenção.

A pedagogia burocrática, ao acentuar o conformismo, o espírito acrítico do aluno, forma a futura mão-de-obra dócil, que nada reivindicará nas empresas ou no Estado, forma os "servos" do capital que docilmente contribuirão para sua reprodução ampliada.

Capachos do poder só podem contribuir com uma educação opressiva

JC – Pode a escola contribuir para um processo de libertação econômico-social? Existem educadores que propõem algo novo e mais vinculado à nossa realidade?

Tragtenberg – Como acentuei antes, a educação não pode estar acima da estrutura socioeconômica que a determina, em última análise.

Porém, o processo educacional tem uma dinâmica própria, uma certa relativa autonomia que pode torná-lo instrumento de libertação. Mas isso, penso eu, será feito numa universidade sem órgãos internos de segurança, sem professores intimidados pelo poder político ou sujeitos à despedida imediata com o FGTS como base de contrato de trabalho.

A reformulação da universidade deve estar acompanhada de uma reformulação social: maior liberdade e autonomia sindicais para os assalariados, liberdade de se organizarem em seus partidos representativos, participação *real* e não simbólica dos professores e estudantes nas decisões em política educacional, isso pode mudar o rumo da educação num sentido libertário. Mas é um processo longo, exige uma grande paciência histórica e acima de tudo pessoas empenhadas profundamente nisso.

Quem tem medo de perder cargos não pode contribuir a uma educação libertadora. Capachos do poder só podem contribuir a uma educação opressiva.

Os altos escalões da burocracia pertencem à classe dominante e imprimem sua direção à nação

JC – Os movimentos grevistas em geral, e os dos professores em particular, estão contribuindo para uma mudança qualitativa no ensino?

Tragtenberg – Acho que movimentos grevistas significam a presença ativa de uma grande fração de trabalhadores cansados de contribuírem para o "desenvolvimento" e nada receberem do mesmo. Neste sentido, os movimentos grevistas se constituem em elementos de conflito social, que, numa sociedade de capitalismo "civilizado", têm direito à cidadania. É através da auto-organização e da greve que a mão-de-obra obtém a valorização de sua força de trabalho. O chamado "milagre econômico" dos últimos quinze anos só foi possível na medida em que o Estado atuou como força econômica, reprimindo qualquer reivindicação salarial. Salário baixo, jornada alta de trabalho e concentração de renda nas mãos do capital bancário, esses os resultados do "milagre". Para a mão-de-obra, o "milagre" consiste em estar vivo.

O importante é a luta pela autonomia de organização sindical e partidária, controle do imposto sindical pelos próprios sindicatos, redefinição do FGTS e a conquista de estabilidade no trabalho, luta pela implantação da figura do "delegado sindical" na fábrica, isso é fundamental.

A greve é uma arma que se usa em último caso, esgotadas as possibilidades de negociação. Não existe greve pela greve, um processo de greve deve sempre deixar em aberto canais de negociação. Nos EUA isso é tão comum que, antes da assinatura de uma convenção coletiva de trabalho, a categoria profissional se declara em greve para *apressar* as negociações. Aqui, greve e questão social são consideradas "casos de polícia". Regredimos para 1910 mais ou menos. Veja-se o caso do Jonas, o metalúrgico, boicotado por sua participação em movimentos reivindicatórios na cidade; é que o capitalismo local ainda não aprendeu a conviver com a greve, a negociar com o trabalhador. Acostumou-se a tratá-lo como "pau mandado" considerando o grande número de desempregados que enfraquece a organização de uma categoria profissional e o baixo número de operários sindicalizados.

Greve de professores, como de médicos, é greve de setor médio, tem características diferentes, por exemplo, de greve de metalúrgicos. Os últimos em greve afetam *diretamente a produção*. A greve de professores afeta indiretamente a sociedade, a de médicos afeta mais diretamente a sociedade como tal.

É necessário ver que um líder do professorado não é um Lula, porque a posição do professor no sistema socioeconômico difere da posição do metalúrgico num setor de ponta, como indústria automobilística.

Isso implica novas estratégias do professorado e dos assalariados do setor médio para atingirem suas reivindicações.

JC – Qual tua opinião sobre a desburocratização proposta pelo atual governo?

Tragtenberg – O ministro Beltrão, quando ministro do governo Jânio Quadros, já havia proposto medidas "desburocratizantes", porém isso encobre uma balela. Não se confunda burocratização com papelório ou filas. A preocupação em acabar com o papelório e filas do Beltrão nada mais é do que a preocupação em conseguir base eleitoral para futuras eleições e ao mesmo tempo fazer com que o sistema dominante seja "alimentado". Burocracia quer dizer hierarquia e poder, é inerente a uma sociedade dividida em classes. Os altos escalões da burocracia pertencem à classe dominante – classe A – e imprimem sua direção à nação. O problema é outro. Uma desburocratização real só

Sobre educação, política e sindicalismo

pode partir de um processo de mobilização popular – o sr. Beltrão em nenhuma vez menciona o povo nesse processo –; implica a participação real das Associações de Bairros, Sindicatos e Partidos realmente representativos dos trabalhadores na direção dos negócios nacionais. E isso não será conseguido mantido o atual regime econômico e político. O ministro Beltrão quer "dourar a pílula". No fundo é um curandeiro travestido de médico. Para início de conversa, é um burocrata que quer desburocratizar, é ministro. Em que país do mundo se desburocratizou "de cima" para "baixo"?

JC – E a abertura?

Tragtenberg – Ela se dá conforme *O príncipe* de Maquiavel. Ele aconselha ao príncipe que fizesse o *mal* de uma vez só (Atos Institucionais) e o *bem* pouco a pouco (anistia restrita, democracia relativa). É isso.

17
O paraíso da burocracia*

Folhetim – Qual a natureza da burocracia?

Maurício Tragtenberg – Sob o capitalismo ocidental, a burocracia é, ao mesmo tempo, o corpo que "organiza" a produção nas empresas privadas e semipúblicas e representa o poder executivo no funcionamento das grandes unidades administrativas, constituindo parte integrante do Estado. No modo capitalista de produção, ela administra uma coletividade. Para servir ao capital, recebe dele um conjunto de imunidades e privilégios (mordomias) e pulveriza a responsabilidade. Ela é independente e soberana perante a coletividade e possui relativa autonomia em relação à classe dominante, que utiliza para definir seus métodos de recrutamento, sistema de promoção, estatuto e condições de trabalho. Nas sociedades pós-capitalistas, atua como nova camada dominante, ocupando o espaço que antes pertencia à

---

* Entrevista concedida a Maria Carneiro da Cunha, *Folhetim*, 21 out. 1979.

antiga classe capitalista. A burocracia na sociedade capitalista procura legitimar-se em nome dos interesses nacionais; nas sociedades pós-capitalistas, isso é feito em nome dos interesses do proletariado.

Folhetim – A burocracia é necessária na educação?

Tragtenberg – Um dos elementos em que a burocracia fundamenta sua legitimação consiste em se atribuir a tarefa de "organizar" tudo. Sob o nazismo, a palavra de ordem do regime era: organização. Existe aí uma confusão interessada. Qualquer grupo humano, tendo em vista as finalidades que persegue, organiza-se para tanto. Mas a burocracia é outra coisa: ela está montada como estrutura de controle, dispondo de imunidades e privilégios. As formas de organização das coletividades visando aos seus próprios fins ocorrem através de uma igualdade básica entre seus membros; a burocracia, "em nome da organização", usa e abusa das imunidades e privilégios inerentes a ela enquanto poder acima dos organizados.

Por isso, ela tem como religião o culto da hierarquia, ou seja, o culto da distribuição desigual do poder, onde poucos podem muito e muitos não têm voz. Assim, na universidade, a principal preocupação da burocracia é o controle: ela procura controlar um saber inexistente ou escasso, da mesma forma que são escassos os recursos a ela atribuídos. Se entendermos a universidade como a sede da produção e reprodução de conhecimentos, a burocracia cumpre um papel inteiramente supérfluo. Se entendermos a comunidade acadêmica como o conjunto de alunos e professores, a burocracia tem um papel parasitário, convertendo os meios (controles) em fins e desestimulando a criação intelectual.

É impossível termos uma universidade avançada num capitalismo retardatário

Folhetim – Como a burocracia se institucionalizou nos vários níveis de ensino?

Sobre educação, política e sindicalismo

Tragtenberg – Esse fenômeno é inerente a qualquer Estado, mas no Estado autoritário ele se acentua, pois há tendência à centralização monocrática. Cito o exemplo da UNESP, que é a realização de uma utopia burocrática. Nessa instituição, a organização é centralizada e autoritária, as decisões são de cima para baixo e os postos-chave são ocupados por docentes aposentados pela USP ou outros cuja meta científica é uma aposentadoria, constituindo uma cúpula medíocre, sem imaginação ou espírito universitário. O resultado é o pior possível; além da evasão de pessoal qualificado, ocorrem a falta de pesquisa de nível superior (o pessoal de Ciências Humanas surge como novo "Cristo"); a ausência de articulação científica entre as áreas que ocupam os vários *campi*; a carreira universitária retrógrada, que leva o docente a passar a vida fazendo teses e não ciência (algumas vezes a própria UNESP não reconhece os títulos que "cobra" de seus docentes). Sem falar do salário dos professores, mais baixo do que é pago pelas próprias universidades federais.

Em suma, foi na UNESP que melhor se traduziu a síndrome autoritária do Estado brasileiro, pois lá se recorreu a todas as "salvaguardas" possíveis para manter uma *reestruturação desestruturante*. Foi esse o destino dos antigos institutos isolados que hoje integram a UNESP. Ela é a realização do modelo estadonovista nos dias que correm, é o passado oprimindo o presente como fantasma, com os mortos governando os vivos. Evidentemente, isso ocorre na medida em que estes se deixam governar por aqueles.

Folhetim – Que fatores externos influenciaram essa burocratização?

Tragtenberg – Os motivos são inúmeros, havendo uma articulação entre fatores externos e internos. No plano externo, é impossível termos uma universidade avançada num capitalismo super-retardatário como o existente no Brasil. Entre nós, o capita-

Maurício Tragtenberg

lismo vem realizando seu processo de acumulação, utilizando o Estado como força econômica e tendo como conseqüências a repressão política efetuada pelo Estado; a criação de organismos burocráticos especializados nessa repressão; a intervenção nas associações de classe e sindicatos; a formação de dois "conglomerados" políticos – Arena e MDB – o primeiro no poder e o segundo apenas como eterno aspirante; a institucionalização da censura; a socialização do medo etc.

Tudo isso deu origem a um período de decréscimo, da participação popular nos processos decisórios e fortaleceu a onipotência da burocracia como agente qualificado do poder econômico, que é exercido em nome da sociedade, mas em benefício de alguns poucos. Nesse quadro, as universidades – especialmente as recém-formadas como a UNESP – tiveram seu comando entregue àqueles que possuíam como título maior sua cumplicidade com o poder, muito mais do que sua qualificação científica.

No plano interno, a divisão dos docentes em inúmeros escalões, por decretos do poder, através de "reformas" que são verdadeiras "restaurações", o culto ao "doutorismo" substituindo o "bacharelismo", constituíram fatores de transformação dos *campi* universitários em cemitérios de esperanças perdidas. No caso específico da UNESP, há outro elemento a considerar: distribuída pelas cidades do interior a instituição é vulnerável à politicagem local, que interfere nas nomeações dos diretores de suas unidades. Ainda estamos na época da enxada e do coronelismo, sem o voto.

Folhetim – A burocratização afeta a transmissão do conhecimento e a liberdade de ensino?

Tragtenberg – Sem dúvida, mas é necessário acentuar que nenhum *campus* universitário é uma ilha. A falta de liberdade de associação e pensamento na sociedade global torna inviável a liberdade acadêmica. A hegemonia do serviço de segurança na estru-

Sobre educação, política e sindicalismo

tura universitária socializa a insegurança. Quando um operador de xerox da Universidade do Rio Grande do Norte, em Natal, envia ao serviço de segurança da mesma e este ao MEC uma entrevista publicada na revista *IstoÉ* sobre trabalho médico, passando por cima do reitor, isso significa que a liberdade está em *sursis*; quando um ex-chefe de "segurança e informação" da Universidade Federal do Paraná converte-se em seu reitor, isso quer dizer que o regime da "incompetência treinada" é o predominante.

O cancro que corrói a universidade burocrática é que a escolha de seus dirigentes se dá menos pela competência acadêmico-científica e muito mais por sua cumplicidade com o poder. Geralmente, elas sobem pelo elevador de serviço (por serviços prestados ao poder) e não pelo social (por serviços prestados à sociedade global). É claro que uma universidade burocratizada, onde a função mais importante não é a produção de conhecimentos, mas o controle sobre eles e as pessoas, tende, no plano interno, à multiplicação das "panelas burocráticas". No tipo dessas "panelas", professores investidos do poder de coordenadores de programas de graduação ou pós-graduação, chefes de departamentos, institutos ou faculdades, colocam seus colegas sob "estado de sítio". Estabelece-se na instituição universitária uma certa "ditadura acadêmica" em que a dissensão é punida com o ostracismo, onde a fofoca de corredor age como retaliação do "excluído".

Folhetim – Quais as conseqüências para a qualidade de ensino e a orientação das pesquisas?

Tragtenberg – As piores possíveis. Hoje temos cursos de pós-graduação que não são pós coisa alguma, na medida em que não houve graduação. Eles se constituem em reciclagem de uma graduação inexistente e também cumprem outro papel requerido pelo sistema: manter a maior parte do tempo possível na rede escolar uma mão-de-obra potencial, que se fosse lançada prema-

213

turamente no mercado constituiria um fato de tensão social. A pós-graduação é a hibernação de uma mão-de-obra que se encaminha para um mercado saturado, para maior tranqüilidade dos donos do poder. Num país onde o professor universitário – como mostra Karl Popper em *A sociedade aberta e seus inimigos* – perde seu posto porque é tachado de "comunista", falar em autonomia universitária, liberdade acadêmica ou participação chega a ser um escárnio. O que os mandarins estatais e universitários não entenderam é que a liberdade não é a submissão livremente consentida a seus ditames; ela é a aceitação daqueles que pensam de forma diferente, em termos estruturais e não meramente ocasionais. Mesmo alguns professores participam dessa visão de mandarins, porque não percebem que não é o professor que ensina e o aluno que aprende, mas que o grande educador é a comunidade; por isso mesmo, o próprio educador precisa ser educado.

Os dirigentes da universidade são escolhidos por serviços prestados ao poder

Folhetim – Como combater nos vários níveis os (eventuais) excessos ou malefícios da burocracia?

Tragtenberg – Respondo com os argumentos que Rosa Luxemburgo utilizou em sua polêmica com Lenin: "Sem eleições gerais, sem liberdade ilimitada de imprensa e de reunião, sem a livre luta entre as opiniões, a vida morre em todas as instituições públicas, torna-se *uma vida aparente, onde resta a burocracia como único elemento ativo*" (*A revolução russa*). É claro que a democracia, como qualquer forma participativa, tem seus limites e defeitos; nesse contexto, a liberdade é uma e indivisível e restringi-la equivale a negá-la.

A burocracia nega a liberdade na medida em que "organiza" os professores e estudantes por escalões (mestres, doutores, livres-docentes ou alunos de graduação, pós-graduação ou especialização). É uma das muitas manhas burocráticas para dividir

Sobre educação, política e sindicalismo

o subproletariado intelectual, o qual enfrenta uma burocracia unida por seus interesses e prebendas, que procura preservar e aumentar o seu poder.

A liberdade só é possível entre iguais, socialmente falando; portanto, ela só é possível quando se desvincula o saber do poder na sociedade civil e na universidade. O saber do mestre é a única condição de sua "autoridade"; o controle burocrático dos alunos pelo sistema diferencial de avaliação nas mãos do docente e pela freqüência obrigatória constitui uma forma de autoritarismo. A abolição do sistema de exames e da freqüência obrigatória constituem os pré-requisitos da democratização da universidade, assim como a participação real e não simbólica dos alunos nos órgãos colegiados.

À ditadura da cátedra ou do departamento devemos opor a participação comunitária (estudantes e professores) na instituição, com iguais direitos de influir nas decisões em todos os níveis. Isso só se torna possível quando, na sociedade global, a maioria dos assalariados tem liberdade para se auto-organizar em seus locais de trabalho ou em órgãos associativos de todo tipo; em suma, quando aqueles que não têm voz conquistam o direito de tomar a palavra.

SOBRE O LIVRO

Formato: 14 x 21 cm
Mancha: 23 x 40 paicas
Tipologia: Iowan Old Style 10/14
Papel: Offset 75 g/m² (miolo)
Cartão Supremo 250 g/m² (capa)
1ª edição: 2004

EQUIPE DE REALIZAÇÃO

Coordenação Geral
Sidnei Simonelli

Produção Gráfica
Anderson Nobara

Edição de Texto
Viviane Oshima (Preparação de Original)
Ana Paula Castellani e
Flávio Nakaoka (Revisão)

Editoração Eletrônica
Lourdes Guacira da Silva Simonelli (Supervisão)
Edmílson Gonçalves (Diagramação)

IMPRESSÃO E ACABAMENTO
Bartira Gráfica e Editora S/A